문학, 철학, 신학의 근간에
한층 더 가까워지는 라틴어 아카데미

기초
라틴어
수업

김경민 지음

S 시원스쿨닷컴

여러분 안녕하셔요!

요즘 흔히 '인문학이 대세다.'라고 합니다. 그래서 사람들이 인문학에 많은 관심을 보이고 인문학적 토대를 쌓기 위해 여러 가지 활동을 하기도 합니다. 이러한 활동 중 하나가 바로 고전을 읽는 것입니다. 고전 가운데 특히, 서양의 각종 철학, 역사, 문학 등의 고전에 관심을 가지는 분들이 많습니다. 그렇다면 고전 중의 고전은 뭘까요? 아마도 고대 그리스·로마 고전이 아닐까 합니다.

이 교재는 라틴어를 본격적으로 공부하고자 하는 분들을 위해 알파벳과 강세부터 차근차근 배울 수 있도록 기획되었습니다. 로마 시대의 라틴어 고전 작품 그리고 중세, 근대를 거쳐 현대에 이르기까지 라틴어로 쓰여진 여러 글들을 읽는 데 이 책이 길잡이 역할을 할 것입니다.

이 교재는 라틴어를 배운 적이 없는 초보자를 대상으로 합니다. 라틴어는 고전어이기 때문에 예문이 현대 언어와 많이 달라서, 각각의 예문은 해당 문법을 쉽게 이해할 수 있도록 구성했으며, 반복적으로 익힐 수 있도록 문장을 배열했습니다.

잘 알려진 라틴어 속담 중에 '모든 시작은 어렵다.(omne initium difficile est.)'라는 말이 있습니다. 라틴어는 어려운 언어이므로 라틴어를 시작하는 것부터 쉽지 않을 것입니다. 그러나 우리 속담에 '시작이 반이다.'라고 한 것처럼, 일단 한번 시작해 보시면 어떨까요? 이 교재가 좋은 길잡이가 되어 드릴 것입니다.

저자 김경민

이 책의 구성과 특징

⏰ 준비 강의

본격적인 학습 시작 전 알파벳 및 발음, 강세, 성·수·격 등을 익히며 기초를 탄탄히 다져 보세요.

⏰ 학습 목표

오늘 학습할 내용 중 핵심 내용이 무엇인지 제시합니다. 학습하기 전에 어떤 내용에 주목해야 할지 추측해 보세요.

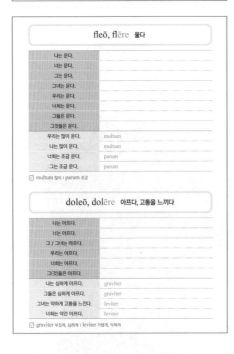

⏰ 학습 내용

학습 내용을 한눈에 보기 좋게 표로 정리하거나 간단한 설명으로 제시합니다. 핵심 내용을 체계적으로 도식화하며 공부할 수 있어요.

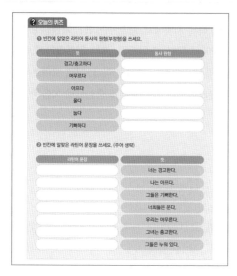

☑ 오늘의 퀴즈

오늘 학습한 내용을 퀴즈를 풀어 보며 복습할 수 있는 코너입니다. 빈칸 채우기 문제, 작문하기 문제를 풀어 보며 꼼꼼하게 복습해 보세요.

☑ 오늘의 라틴어 챙겨 가기

매 과가 끝날 때마다 우리 주변에서 비교적 자주 접할 수 있는 라틴어 단어를 하나씩 학습합니다. 부담 없이 한 단어씩 익혀 보세요.

☑ 단어장

본문에 나온 단어들을 알파벳 순서에 따라 배열한 뒤, 단어의 성과 뜻을 수록했습니다. 필요할 때마다 찾아 보며 활용해 보세요!

라틴어의 종류와 구분

라틴어는 '라티움(Latium)'이라는 이탈리아 반도의 작은 지역에서 출발했습니다. 기원전 8세기경부터 라티움의 중심 지역인 '로마'라는 작은 마을에서 유럽, 소아시아, 북부 아프리카에 이르는 거대한 로마 제국이 형성됨에 따라 라틴어도 비약적인 발전을 하게 됩니다. 고대 로마로부터 지금까지 라틴어는 어떤 갈래로 나뉘게 되었는지, 본서에서는 어떤 종류를 중심으로 학습하는지 알아보겠습니다.

⚉ 시대별 라틴어 구분

우리가 이 교재를 통해 배울 라틴어는 '고전 라틴어'입니다. 고전 라틴어는 통상적으로 기원전 2 혹은 1세기부터 기원후 5세기경까지의 라틴어를 말합니다. 고전 라틴어 이전의 라틴어를 '고 라틴어' 혹은 '상고 라틴어'라고 부르고 있으며, 고전 라틴어 시대 후반기부터 민중 라틴어가 생겨나는데, 이를 '불가타(vulgata)'라고 합니다. 이후 기독교가 유럽 사회의 주된 사상으로 자리 잡으며 '교회 라틴어' 혹은 '중세 라틴어'라는 명칭을 사용하게 되었고, 근대와 현대에 이르렀습니다. 시대별로 라틴어를 구분하는 이유는 언어는 세월의 흐름에 따라 문법과 어휘가 조금씩 변하기 때문입니다.

⚉ 고전 라틴어 학습

우리가 고전 라틴어를 중심에 놓고 학습하는 이유는 이 시대에 비로소 비교가 가능할 정도의 많은 문헌이 생겼기 때문입니다. 대표 작가에는 키케로(Cicero), 카이사르(Caesar), 세네카(Seneca) 같은 산문 작가들과, 베르길리우스(Vergilius), 호라티우스(Horatius), 오비디우스(Ovidius) 같은 시인들이 있으며, 불가타로 쓰인 대표적인 문헌은 라틴어 성경입니다. 그리고 중세를 대표하는 저자인 토마스 아퀴나스, 이후 과학자 아이작 뉴튼, 철학자 스피노자 등등의 많은 지식인이 각 분야에서 라틴어로 저작 활동을 했습니다. 이처럼 다양한 분야에서 라틴어가 사용되다 보니 철학, 역사, 문학, 신학을 공부하는 경우, 라틴어 학습이 필요한 경우가 있습니다. 또한 의학, 법학, 과학 등의 학문에도 많은 용어들이 라틴어로 되어 있으므로, 라틴어를 배우면 학습에 있어 보다 심오한 수준에 이를 수 있을 것입니다.

⚉ 라틴어를 배우면 어떤 도움이 될까요?

라틴어는 고전 작품을 읽는 데뿐만 아니라, 영어, 프랑스어, 독일어 등의 현대 외국어를 배우는 데도 큰 도움을 줄 것입니다. 많은 유럽어 어휘가 라틴어에서 유래된 것이 많기 때문입니다. 그리고 라틴어를 배우시는 분들께 조언을 드리자면, 고대 그리스·로마 역사, 신화, 문화 배경 들을 다루는 책을 읽으면서 공부하면 실력뿐만 아니라 배우는 즐거움이 배가될 것입니다.

라틴어의 특징

라틴어에 막 입문하신 분들이 꼭 알아두셨으면 하는 특징 몇 가지를 꼽아 보았습니다.

☞ 사어로 존재

일반 외국어와는 달리 라틴어는 회화를 목적으로 배우지 않습니다. 그렇기 때문에 흔히 '사어'라고 합니다. 다른 말로 이야기하면 말보다는 글을 읽기 위해 배우는 언어로서 존재 가치를 지니고 있다고 할 수 있습니다. 글을 읽기 위해 배우는 언어이다 보니 문법의 중요성이 매우 큽니다. 어찌 보면 문법에 강한 한국 사람에게 어울리는 언어일 수도 있겠습니다.

☞ 장단음과 강세 존재

라틴어를 읽을 때 장단음 그리고 강세는 중요합니다. 특히, 라틴어 운문을 읽을 때는 더욱 그러합니다. 강세가 중요하기 때문에 단어의 장음에 장음 부호를 함께 표기했습니다.

☞ 성, 수, 격 변화

라틴어의 명사, 대명사, 형용사에는 성이 존재합니다. 남성, 여성, 중성이 그것입니다. 뜻으로 성이 판별될 수 있는 경우도 있지만, 문법적인 성이 뜻으로 판별이 되지 않는 경우도 있기 때문에 명사의 성을 아는 것은 매우 중요합니다.

☞ 시제 변화, 법, 태의 존재

동사에는 6개의 시제, 3개의 법, 2개의 태가 존재합니다.

- **시제**: 현재, 미완료(혹은 반과거), 현재 완료(혹은 완료), 과거 완료, 미래, 미래 완료
- **법**: 직설법, 명령법, 접속법
- **태**: 능동태, 수동태

라틴어를 공부하는 분들께 드리는 조언

라틴어를 배우기로 결정하신 계기나 이유는 다양할 것이라고 생각합니다. 전공에 필요하거나, 취미로, 혹은 호기심 때문에 라틴어를 배우시는 분들이 많으실 것 같습니다. 이러한 이유로 라틴어 공부를 시작하신 분들은 어학 공부에 큰 애정을 가지신 분들일 것이라 짐작합니다.

저 역시 독일 유학 시절, 라틴어가 전공이기도 했지만 어학 공부가 좋아서 사전을 뒤지며 공부했던 기억이 납니다. 당시 저는 외국어였던 독일어로 라틴어를 공부해야 했기 때문에 매우 힘들었지만, 지도 교수님과 함께 공부했던 독일 친구들의 도움으로 공부를 계속할 수 있었습니다.

지금까지 라틴어 강의를 하면서 많은 시간이 흘렀지만, 여전히 많은 학생들이 라틴어 학습에 어려움을 겪고 공부를 포기하는 것에 안타까운 마음이 들었습니다. 저를 이끌어 주시던 지도 교수님과 저를 안내해 주었던 동료들의 마음으로, 저 또한 라틴어를 배우시는 모든 분들에게 도움이 되고자 합니다.

특히 기초 수준일수록 쉽고 부담없이 학습할 수 있어야 할 터인데, 기존 국내 교재와 강의들은 예문이 딱딱하다 보니, 라틴어가 지루하게 느껴지고 결국은 막막함을 느껴 공부를 포기하는 경우를 보았습니다. 그래서 제가 직접 부딪혀 익힌 학습 노하우와 라틴어의 핵심을 모아 끊임없이 다듬고 종합하여 이 책에 녹여 내었습니다.

라틴어 공부를 포기하고 싶을 때, 내가 읽고 싶은 라틴어 책을 떠올려 보세요.

여러분께 이 라틴어 글귀를 건네 드립니다.

'gutta cavat lapidem.' – 오비디우스, 흑해에서의 편지, 4, 10, 5

물방울이 돌을 뚫는다. (혹은 우리가 흔히 이야기하는, "낙숫물이 바위를 뚫는다.")

이 말은 시인 오비디우스(Publius Ovidius Naso, 기원전 43 ~ 기원후 17년경)가 황제의 미움을 사 흑해 지방으로 귀양 갔을 때 쓴 시의 한 구절입니다. 여기에는 시인이 귀양에서 풀려나길 고대하며 인내하는 심정이 잘 드러나 있습니다. 의미는 명확합니다. 노력하면 그 뜻을 언젠가는 이룬다는 것입니다.

라틴어를 공부하시는 모든 분들을 응원합니다.

CONTENTS

❶ 라틴어 알파벳의 구성

A a a	B b be	C c ce	D d de	E e e	F f ef	G g ge
H h ha	I i i	K k ka	L l el	M m em	N n en	O o o
P p pe	Q q qu	R r er	S s es	T t te	U u u	V v u
X x ex	Y y y Graeca	Z z zeta				

❷ 라틴어 알파벳의 특징

❶ 영어 알파벳과 동일합니다.

❷ 고전 시대, 기원전 1~2세기의 라틴어의 알파벳은 21개로 구성되어 있었습니다.
  ➡ 기원 후 2세기 전까지 U는 없었음 ➡ 이후에 Y, Z 추가

❸ 고대 말, 대략 기원후 4~5세기까지는 대문자만 사용했습니다.

❹ 본격적인 소문자 사용은 중세 초기인 9세기 이후에 이루어졌습니다.

❺ 시대의 흐름에 따라 발음에도 조금씩 변화가 발생했습니다.

❸ 라틴어 모음과 이중 모음

1. 모음 – 장음과 단음으로 발음이 이루어집니다.

A a	E e	I i	O o	U u	Y y
아	에	이	오	우	위

2. 이중 모음

ae	au	eu	oe	ui	ei
아이	아우	에우	오이	우이	에이

❹ 라틴어 모음 발음

단음일 때와 장음일 때를 구분하여 발음해 봅시다.

알파벳	단음	단어		장음	단어	
A a	a [a]	mare	바다	ā [a:]	ālea	주사위
		amor	사랑		māter	어머니
E e	e [e]	medicus	의사	ē [e:]	dēns	치아
		tempus	시간		fēmina	여자
I i	i [i]	liber	책	ī [i:]	fīlius	아들
		imber	비		īra	분노, 화
O o	o [o]	locus	장소	ō [o:]	dōnum	선물
		porta	대문		sōl	태양
U u	u [u]	numerus	숫자	ū [u:]	lūna	달
		unda	파도		sūs	돼지
Y y	y [y]	tyrannus	통치자, 폭군	ȳ [y:]	Sȳria	시리아 (국가)
		nympha	요정			

❺ 라틴어 이중 모음 발음

이중 모음의 발음을 단어로 익히세요.

알파벳	발음	단어	
ae	[ai] / [e:]	caelum	하늘
		praemium	상, 보상
au	[au]	auris	귀
		taurus	황소
eu	[eu]	heu	아이고, 이런
		Eurōpa	유럽
oe	[oi]	foedus	조약
		proelium	전투
ei	[ei]	eius	그 / 그녀의
		ei	오! (감탄사)
ui	[ui]	huic	이 사람에게
		quis	누구

❓ 오늘의 퀴즈

빈칸에 알맞은 라틴어 단어 또는 우리말 뜻을 적어 보세요.

	사랑
sōl	
	아이고, 이런
nympha	
	시간
	하늘
lūna	
liber	

준비
강의**02**

학습 목표 ✓ 자음의 구성과 이중 자음의 발음 방법

❶ 라틴어 자음 발음

알파벳	발음	단어	뜻
B b	[b]	bellum	전쟁
		labor	일, 노동
C c	[k]	canis	개
		piscis	물고기
		cēna	저녁 식사
		cibus	음식
중세 발음	[tʃ]	cibus 치부스	c + e / i / y 경우
D d	[d]	dominus	주인
		mundus	세계
F f	[f]	fābula	이야기
		officium	의무
G g	[g]	glōria	영광
		rēgīna	여왕
		gemma	보석
		gigās	거인
중세 발음	[dʒ]	gemma 젬마	g + e / i 경우
H h	[h]	homō	인간
		hortus	정원
I i (J j) 자음으로 사용될 경우	[ja]	iānua	문
	[je]	ientāculum	아침 식사
	[jo]	iocus	농담
	[ju]	Iuppiter	주피터 (제우스)

준비 강의 **02** 15

K k	[k]	Kalendae	매달 첫 번째 날
L l	[l]	lēx	법, 법률
		templum	신전
M m	[m]	mōns	산
		amīcus	친구
N n	[n]	nāsus	코
		animal	동물
P p	[p]	pater	아버지
		tempestās	폭풍
Q q	[kw]	quattuor	숫자 4
		equus	말(馬)
		※ q는 주로 u와 함께 짝을 이뤄 사용됨	
R r	[r]	rēx	왕, 임금
		ferrum	철, 쇠
S s	[s]	sāl	소금
		bāsium	키스, 입맞춤
T t	[t]	terra	땅, 대지
		ōrātor	연설가
V v	[w] / [v]	vacca	암소
		vōx	목소리
☆ 중세 발음) [v] vōx – 대략 기원후 2세기 전까지 모음으로 사용, 이후 u와 분리			
X x	[ks]	arx	성채, 요새
		fax	횃불
Z z	[z]	zōna	허리띠

❷ 라틴어 복자음 발음

알파벳	발음	단어	뜻
bs	[ps]	urbs	도시
bt	[pt]	obtegere	숨기다
ch	[ç] / [k]	character	성격, 유형
ph	[f]	philosophus	철학자
th	[θ] / [t]	theātrum	극장
gn	[ŋ] / [nj]	ignis	불
		signātor	서명인
		cōgnōmen	별명
		agnus	새끼 양

☆ 중세 발음) gn + a / c / i / o / u [nj] agnus 아뉴스

❓ 오늘의 퀴즈

빈칸에 알맞은 라틴어 단어 또는 우리말 뜻을 적어 보세요.

rēx	
	소금
canis	
	보석
lēx	
	물고기
vōx	
	여왕

❶ 음절 나누는 방법

1. 하나의 모음은 하나의 음절을 이룬다.

> magister 교사 gradus 계단
>
> ➡ ma|gi|ster gra|dus

2. 이중 모음은 하나의 음절로 간주한다.

> aurum 금 Caesar 카이사르
>
> ➡ au|rum Cae|sar

3. 이중 모음이 아닌 연속된 두 개의 모음은 두 개의 음절로 간주한다.

> ōtium 여가, 한가함 puella 소녀
>
> ➡ ō|ti|um pu|el|la

4. 두 개의 모음 사이에 두 개 이상의 자음이 있으면, 뒤의 자음은 뒤의 모음과 결합해 음절을
   이룬다.

> annus 해, 년 discipulus 학생
>
> ➡ an|nus di|sci|pul|us

5. 폐쇄음 (b, p, d, t, c, g)과 유음 (l, r)이 만나면 하나의 자음으로 간주한다.

> palpebra 눈꺼풀 atrium 현관 입구
>
> ➡ pal|pe|bra a|tri|um

6. qu, ch, ph, th는 하나의 자음으로 간주한다.

> quadrāgintā 숫자 40 thermae 공중목욕탕
>
> ➡ qua|drā|gin|tā ther|mae
>
> philosophia 철학 character 성격
>
> ➡ phil|o|so|phi|a cha|rac|ter

7. 이중 모음의 모습이지만 이중 모음이 아닌 경우, 각각의 모음으로 간주한다.

> poēta 시인
>
> ➡ po|ē|ta

☆ 장음 표기 여부에 따라 이중 모음인지 아닌지 판별 가능

❷ 장음의 종류

1. 자연 장음: 원래 장음이거나 이중 모음인 경우

> ❶ 원래 장음인 모음 – ā, ē, ī, ō, ū, ȳ
>   nāvigātiō 항해
> ❷ 이중 모음 – ae, au, ei, eu, oe, ui
>   aetās 세월, 시대

2. 위치에 따른 장음: 단모음 다음에 자음이 두 개 이상 오는 경우

> ❶ 단음과 두 개 이상의 자음(복자음, x, z 포함)이 만날 때
>   frūmentum 곡식, 곡물
>   sagitta 화살
>   retexō (나는 실 따위를) 풀다
> ❷ 폐쇄음(b, p, d, t, c, g)과 유음(l, r)이 만날 때는 제외
>   palpebra 눈꺼풀
> ❸ 발음 자체는 단음으로 짧게 발음하지만 문법적으로 장음 취급. 강세에 영향을 줌.

❸ 강세 규칙

1. 1음절 단어는 그 음절 자체에 강세

> bōs 소   mēns 정신, 마음

2. 2음절 단어는 첫 음절에 강세

> corpus 몸, 신체   fātum 운명

3. 3음절 이상의 단어이면서 끝에서 두 번째 음절이 장음 ➡ 해당 음절에 강세

> marītus 남편   palaestra 체육 훈련장   frūmentum 곡식, 곡물

4. 3음절 이상의 단어이면서 끝에서 두 번째 음절이 단음 ➡ 끝에서 세 번째 음절에 강세

> domina 가정의 여주인   fīlia 딸   memoria 기억, 추억

❓오늘의 퀴즈

빈칸에 음절을 알맞게 나누어 보세요.

단어	음절 나누기
aurum	
discipulus	
philosophia	
thermae	
magister	
puella	
poēta	
atrium	

다음 단어의 장음을 표시해 보세요.

단어	장음 구분
navigatio	
sagitta	
palpebra	
aetas	
frumentum	
retexo	

빈칸에 강세를 표시하고 뜻을 쓰세요.

단어	강세	뜻
fātum		
memoria		
bōs		
marītus		
mēns		
fīlia		
corpus		
frūmentum		

❶ 라틴어와 다른 서양어의 차이점

❶ 주어(인칭 대명사) 생략이 가능하다. ➡ 동사의 형태로 주어 추측

❷ 문장의 첫 글자를 대 · 소문자로 구분하지 않는다.

❸ 관사가 없다.

❹ 현재 진행형이 없다.

❺ 어순이 자유롭다.

❷ 성, 수, 격의 개념 (명사, 대명사, 형용사)

1. 성 (3가지로 구분)

성	**genus**	약어
남성	masculīnum	m.
여성	fēminīnum	f.
중성	neutrum	n.

2. 수

수	**numerus**	약어
단수	singulāris	sg.
복수	plūrālis	pl.

3. 격 (총 6가지)

격	**cāsus**	약어
주격	nōminātīvus	nom.
속격	genitīvus	gen.
여격	datīvus	dat.
대격	accūsatīvus	acc.
탈격	ablātīvus	abl.
호격	vocātīvus	voc.

❸ 동사의 기본 개념

1. 시제 (총 6가지)

시제	tempus	약어
현재	praesēns	pr.
미완료(반과거, 과거)	imperfectum	impf.
미래	futūrum	fut.
완료(현재 완료)	perfectum	pf.
과거 완료	plūsquam perfectum	plpf.
미래 완료	futūrum perfectum	fut. pf.

2. 법

법	modus	약어
직설법	indicātīvus	ind.
명령법	imperātīvus	imp.
접속법	coniunctīvus	subj.

3. 태

태	genus	약어
능동태	actīvum	act.
수동태	passīvum	pass.

❹ 인칭 대명사 – 주격

수	인칭	라틴어
단수	1인칭: 나	ego / egō
	2인칭: 너	tū
	3인칭: 그, 그녀, 그것	is, ea, id
복수	1인칭: 우리	nōs
	2인칭: 너희	vōs
	3인칭: 그들, 그것들	eī/iī, eae, ea

학습 목표
- ✓ 인칭에 따른 규칙 동사의 1변화 형태
- ✓ 1변화 동사를 활용해 문장 만들어 보기

① 1변화 동사

부정형(inf.)이 -āre로 끝나는 동사

수	인칭	amāre 사랑하다
단수	egō (나)	amō
	tū (너)	amās
	is, ea, id (그, 그녀, 그것)	amat
복수	nōs (우리)	amāmus
	vōs (너희)	amātis
	eī, eae, ea (그들, 그것들)	amant

② 1변화 동사 활용

주격 인칭 대명사에 알맞게 1변화 동사를 이용하여 문장을 만들어 보세요.

ambulō, ambulāre 걸어가다

나	egō	나는 걸어간다.
너	tū	너는 걸어간다.
그	is	그는 걸어간다.
그녀	ea	그녀는 걸어간다.
우리	nōs	우리는 걸어간다.
너희	vōs	너희는 걸어간다.
그들	eī, eae	그들은 걸어간다.
그것들	ea	그것들은 걸어간다.

cantō, cantāre 노래하다

나	egō	나는 노래한다.
너	tū	너는 노래한다.
그	is	그는 노래한다.
그녀	ea	그녀는 노래한다.
우리	nōs	우리는 노래한다.
너희	vōs	너희는 노래한다.
그들	eī, eae	그들은 노래한다.
그것들	ea	그것들은 노래한다.

labōrō, labōrāre 일하다

나	egō	나는 일한다.
너	tū	너는 일한다.
그	is	그는 일한다.
그녀	ea	그녀는 일한다.
우리	nōs	우리는 일한다.
너희	vōs	너희는 일한다.
그들	eī, eae	그들은 일한다.
그것들	ea	그것들은 일한다.

errō, errāre 실수하다, 방황하다

나	egō	saepe	나는 종종 실수한다.
너	tū	saepe	너는 종종 실수한다.
그	is	saepe	그는 종종 실수한다.
그녀	ea	saepe	그녀는 종종 실수한다.
우리는 종종 실수한다.		saepe	
너희는 종종 실수한다.		saepe	
그들은 종종 실수한다.		saepe	
그것들은 종종 실수한다.		saepe	

☑ saepe 종종, 이따금

💡 **알아 두기**　라틴어에서 인칭 대명사는 보통 생략하며, 동사의 형태로 주어를 추측한다.

> **예시**　**나는 종종 실수한다.** egō saepe errō. → saepe errō.
>
> errō는 1인칭 주어인 '나'에 해당하는 동사 형태이므로, 주어를 쓰지 않아도 동사의
> 형태를 보고 '나'가 주어임을 알 수 있다.

❓ 오늘의 퀴즈

❶ 빈칸에 알맞은 라틴어 동사의 원형(부정형)을 쓰세요.

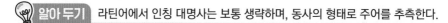

뜻	동사 원형
사랑하다	
실수하다	
걸어가다	
노래하다	
일하다	

❷ 빈칸에 알맞은 라틴어 문장을 쓰세요. (주어 생략)

라틴어 문장	뜻
	너는 사랑한다.
	나는 실수한다.
	그들은 걸어간다.
	그들은 노래한다.
	우리는 사랑한다.
	그녀는 노래한다.
	그것들은 실수한다.

❸ 다음 문장을 라틴어로 쓰세요.

1. 우리는 종종 걸어간다.

_____

2. 너는 종종 실수한다.

_____

3. 그들은 종종 노래한다.

_____

 오늘의 라틴어 챙겨 가기

stēlla

별

학습 목표
✔ 인칭에 따른 규칙 동사의 2변화 형태
✔ 2변화 동사를 활용해 문장 만들어 보기

❶ 2변화 동사

부정형(inf.)이 −ēre로 끝나는 동사

수	인칭	monēre 경고하다
단수	egō (나)	moneō
	tū (너)	monēs
	is, ea, id (그, 그녀, 그것)	monet
복수	nōs (우리)	monēmus
	vōs (너희)	monētis
	eī, eae, ea (그들, 그것들)	monent

❷ 2변화 동사 활용

주격 인칭 대명사에 알맞게 2변화 동사를 이용하여 문장을 만들어 보세요.

maneō, manēre 머무르다, 기다리다

나	egō	나는 머무른다.
너	tū	너는 머무른다.
그	is	그는 머무른다.
그녀	ea	그녀는 머무른다.
우리	nōs	우리는 머무른다.
너희	vōs	너희는 머무른다.
그들	eī, eae	그들은 머무른다.
그것들	ea	그것들은 머무른다.

fleō, flēre 울다

나는 운다.	
너는 운다.	
그는 운다.	
그녀는 운다.	
우리는 운다.	
너희는 운다.	
그들은 운다.	
그것들은 운다.	
우리는 많이 운다.	multum
나는 많이 운다.	multum
너희는 조금 운다.	parum
그는 조금 운다.	parum

☑ multum 많이 | parum 조금

doleō, dolēre 아프다, 고통을 느끼다

나는 아프다.	
너는 아프다.	
그 / 그녀는 아프다.	
우리는 아프다.	
너희는 아프다.	
그(것)들은 아프다.	
나는 심하게 아프다.	graviter
그들은 심하게 아프다.	graviter
그녀는 약하게 고통을 느낀다.	leviter
너희는 약간 아프다.	leviter

☑ graviter 무겁게, 심하게 | leviter 가볍게, 약하게

gaudeō, gaudēre 기뻐하다

나는 기쁘다.	
너는 기쁘다.	
그 / 그녀는 기쁘다.	
우리는 기쁘다.	
너희는 기쁘다.	
그(것)들은 기쁘다.	
나는 많이 기쁘다.	multum
그는 많이 기뻐한다.	multum
우리는 많이 기쁘다.	multum
그들은 많이 기뻐한다.	multum

☑ multum 많이 I parum 조금

iaceō, iacēre 누워 있다

나는 누워 있다.	
너는 누워 있다.	
그 / 그녀는 누워 있다.	
우리는 누워 있다.	
너희는 누워 있다.	
그(것)들은 누워 있다.	
나는 여기에 누워 있다.	hīc
그는 저곳에 누워 있다.	ibi
우리는 이곳에 누워 있다.	hīc
그들은 저곳에 누워 있다.	ibi

☑ hīc 여기에, 이곳에 I ibi 저기에, 저곳에

❓ 오늘의 퀴즈

❶ 빈칸에 알맞은 라틴어 동사의 원형(부정형)을 쓰세요.

뜻	동사 원형
경고/충고하다	
머무르다	
아프다	
울다	
눕다	
기뻐하다	

❷ 빈칸에 알맞은 라틴어 문장을 쓰세요. (주어 생략)

라틴어 문장	뜻
	너는 경고한다.
	나는 아프다.
	그들은 기뻐한다.
	너희들은 운다.
	우리는 머무른다.
	그녀는 충고한다.
	그들은 누워 있다.

❸ 다음 문장을 라틴어로 쓰세요.

1. 우리는 여기에서 머무른다.

_____

2. 너는 심하게 아프다.

_____

3. 너희는 많이 기뻐한다.

_____

 오늘의 라틴어 챙겨 가기

vīta

삶, 생명

LESSON
03 4변화 동사

학습 목표
✔ 인칭에 따른 규칙 동사의 4변화 형태
✔ 4변화 동사를 활용해 문장 만들어 보기

① 4변화 동사

부정형(inf.)이 -īre로 끝나는 동사

수	인칭	audīre 듣다
단수	egō (나)	audiō
	tū (너)	audīs
	is, ea, id (그, 그녀, 그것)	audit
복수	nōs (우리)	audīmus
	vōs (너희)	audītis
	eī, eae, ea (그들, 그것들)	audiunt

② 4변화 동사 활용

주격 인칭 대명사에 알맞게 4변화 동사를 이용하여 문장을 만들어 보세요.

sciō, scīre 알다

나	egō		나는 안다.
너	tū		너는 안다.
그	is		그는 안다.
그녀	ea		그녀는 안다.
우리	nōs		우리는 안다.
너희	vōs		너희는 안다.
그들	eī, eae		그들은 안다.
그것들	ea		그것들은 안다.

venio, venīre 오다

나는 온다.	
너는 온다.	
그는 온다.	
그녀는 온다.	
우리는 온다.	
너희는 온다.	
그들은 온다.	
그것들은 온다.	
너는 이리로 온다.	hūc
그는 이리로 온다.	hūc
너희는 이리로 온다.	hūc
그들은 이리로 온다.	hūc

☑ hūc 이리로

advenio, advenīre 도착하다

나는 도착한다.	
너는 도착한다.	
그 / 그녀는 도착한다.	
우리는 도착한다.	
너희는 도착한다.	
그(것)들은 도착한다.	
너는 늦게 도착한다.	sērō
그들은 늦게 도착한다.	sērō
그는 일찍 도착한다.	mātūrē
너희는 일찍 도착한다.	mātūrē

☑ sērō 늦게 I mātūrē 일찍,제때

dormiō, dormīre 잠을 자다

나는 잠을 잔다.	
너는 잠을 잔다.	
그 / 그녀는 잠을 잔다.	
우리는 잠을 잔다.	
너희는 잠을 잔다.	
그(것)들은 잠을 잔다.	
나는 오래 잠을 잔다.	diū
그녀는 오래 잠을 잔다.	diū
그들은 잠깐 잠을 잔다.	paulisper
우리는 잠깐 잠을 잔다.	paulisper

☑ diū 오래, 오랫동안 | paulisper 잠깐, 잠시 동안

custōdiō, custōdīre 지키다, 보호하다

나는 보호한다.	
너는 보호한다.	
그 / 그녀는 보호한다.	
우리는 보호한다.	
너희는 보호한다.	
그(것)들은 보호한다.	
나는 잘 지킨다.	bene
그것은 잘 지킨다.	bene
그들은 잘 지킨다.	bene
너희는 잘 지킨다.	bene

☑ bene 잘, 훌륭히

❸ 부정어 nōn

동사 앞에 위치해 문장을 부정문으로 만드는 역할

- nōn dormit.
  그는(그녀는) 잠을 안 잔다.

- hūc nōn veniunt.
  그들은 이리로 오지 않는다.

❓ 오늘의 퀴즈

❶ 빈칸에 알맞은 라틴어 동사의 원형(부정형)을 쓰세요.

뜻	동사 원형
알다	
오다	
지키다	
잠을 자다	
듣다	
도착하다	

❷ 빈칸에 알맞은 라틴어 문장을 쓰세요. (주어 생략)

라틴어 문장	뜻
	너는 안다.
	그들은 도착한다.
	너는 잔다.
	너희들은 듣는다.
	우리는 지킨다.
	그들은 안다.
	그 / 그녀는 온다.

❸ 다음 문장을 라틴어로 쓰세요.

1. 너는 듣지 않는다.

_____

2. 그들은 오랫동안 잠을 잔다.

_____

3. 그는 잘 지키지 않는다.

_____

 오늘의 라틴어 챙겨 가기

nūbēs
구름

LESSON 04 3변화 동사

학습 목표
- ✔ 인칭에 따른 규칙 동사의 3변화 형태
- ✔ 3변화 동사를 활용해 문장 만들어 보기

❶ 3변화 동사의 특징

❶ 부정형(inf.)이 -ere로 끝나고 1인칭 단수형이 -ō로 끝나는 동사
❷ 인칭 변화 시 어간의 -e-가 생략되거나 -i-로 바뀐다.

❷ 3변화 동사

부정형(inf.)이 -ere로 끝나는 동사

수	인칭	mittere 보내다
단수	egō (나)	mittō
	tū (너)	mittis
	is, ea, id (그, 그녀, 그것)	mittit
복수	nōs (우리)	mittimus
	vōs (너희)	mittitis
	eī, eae, ea (그들, 그것들)	mittunt

③ 3변화 동사 활용

주격 인칭 대명사에 알맞게 3변화 동사를 이용하여 문장을 만들어 보세요.

dīcō, dīcere 말하다

나	egō	나는 말한다.
너	tū	너는 말한다.
그	is	그는 말한다.
그녀	ea	그녀는 말한다.
우리	nōs	우리는 말한다.
너희	vōs	너희는 말한다.
그들	eī, eae	그들은 말한다.
그것들	ea	그것들은 말한다.

currō, currere 뛰다

나는 뛴다.	
너는 뛴다.	
그는 뛴다.	
그녀는 뛴다.	
우리는 뛴다.	
너희는 뛴다.	
그들은 뛴다.	
그것들은 뛴다.	
우리는 빨리 뛴다.	celeriter
너는 빨리 뛴다.	celeriter
너희는 느리게 뛴다.	lentē
그들은 느리게 뛴다.	lentē

☑ celeriter 빠르게 | lentē 느리게, 천천히

lūdō, lūdere 놀다

나는 논다.	
너는 논다.	
그 / 그녀는 논다.	
우리는 논다.	
너희는 논다.	
그(것)들은 논다.	
너는 오랫동안 논다.	diū
그는 오랫동안 논다.	diū
우리는 오랫동안 논다.	diū
너희는 오랫동안 논다.	diū

☑ diū 오래, 오랫동안

quiēscō, quiēscere 휴식을 취하다

나는 집에서 휴식을 취한다.	domī
우리는 집에서 휴식을 취한다.	domī
그녀는 집에서 휴식을 취한다.	domī
너희는 집에서 휴식을 취한다.	domī

☑ domī 집에서

intellegō, intellegere 이해하다

우리는 이해한다.	
그들은 전혀 이해하지 못한다.	omnīnō nōn
너희는 잘 이해한다.	
너는 전혀 이해하지 못한다.	omnīnō nōn

☑ omnīnō 전혀, 완전히 I bene 잘, 훌륭히

❓ 오늘의 퀴즈

① 빈칸에 알맞은 라틴어 동사의 원형(부정형)을 쓰세요.

뜻	동사 원형
보내다	
말하다	
뛰다	
놀다	
이해하다	
휴식을 취하다	

② 빈칸에 알맞은 라틴어 문장을 쓰세요. (주어 생략)

라틴어 문장	뜻
	너는 보낸다.
	우리는 달린다.
	너희는 휴식을 취한다.
	나는 논다.
	그(녀)는 이해한다.
	너희들은 말한다.

❸ 다음 문장을 라틴어로 쓰세요.

1. 너희는 올바르게 이해하지 않는다.

_____

2. 우리는 말하지 않는다.

_____

3. 나는 빠르게 달린다.

_____

 오늘의 라틴어 챙겨 가기

lūx

빛

05 3-io변화 동사 / 불규칙 동사 sum

학습 목표
✔ 인칭에 따른 규칙 동사 3-io변화 형태
✔ 3-io변화 동사를 활용해 문장 만들어 보기
✔ 인칭에 따른 불규칙 동사 sum동사 형태
✔ 불규칙 동사 sum동사를 활용해 문장 만들기

❶ 3-io변화 동사의 특징

❶ 부정형(inf.)이 –ere로 끝나고

❷ 1인칭 단수형이 –iō로 끝나는 동사

❸ 때로는 3변화, 때로는 4변화 동사처럼 변화

❷ 3-io변화 동사

부정형(inf.)이 –ere로, 1인칭 단수형이 –iō로 끝나는 동사

수	인칭	capere 취하다
단수	egō (나)	capiō
	tū (너)	capis
	is, ea, id (그, 그녀, 그것)	capit
복수	nōs (우리)	capimus
	vōs (너희)	capitis
	eī, eae, ea (그들, 그것들)	capiunt

❸ 3-io변화 동사 활용

cupiō, cupere 원하다

나	egō	나는 원한다.
너	tū	너는 원한다.
그	is	그는 원한다.
그녀	ea	그녀는 원한다.
우리	nōs	우리는 원한다.
너희	vōs	너희는 원한다.
그들	eī, eae	그들은 원한다.
그것들	ea	그것들은 원한다.

faciō, facere 만들다, 하다

나는 행한다.	
너는 행한다.	
그 / 그녀는 행한다.	
우리는 행한다.	
너희는 행한다.	
그(것)들은 행한다.	
너는 올바르게 행한다.	rēctē
그는 올바르게 행한다.	rēctē
그들은 올바르게 행한다.	rēctē
너희는 올바르게 행한다.	rēctē

☑ rēctē 올바르게

cōnficiō, cōnficere 완성하다, 끝내다

나는 완성한다.	
너는 완성한다.	
그 / 그녀는 완성한다.	
우리는 완성한다.	
너희는 완성한다.	
그(것)들은 완성한다.	
나는 마침내 완성한다.	tandem
그녀는 마침내 완성한다.	tandem
우리는 완성하지 못한다.	nōn
그들은 끝내지 못한다.	nōn

☑ tandem 마침내, 드디어

fugiō, fugere 도망가다

나는 도망간다.	
너는 몰래 도망간다.	clam
그(녀)는 도망간다.	
우리는 도망가지 않는다.	nōn
너희는 몰래 도망간다.	clam
그(것)들은 도망간다.	

☑ clam 몰래

④ 불규칙 동사 – sum 동사

✔ 영어의 be동사와 같은 의미: ~있다(존재하다), ~(이)다
✔ 인칭에 따른 형태가 모두 다르므로 암기 필수

수	인칭	esse 있다, ~(이)다
단수	egō (나)	sum
	tū (너)	es
	is, ea, id (그, 그녀, 그것)	est
복수	nōs (우리)	sumus
	vōs (너희)	estis
	eī, eae, ea (그들, 그것들)	sunt

- cōgitō, ergō sum.
  나는 생각한다, 고로 존재한다.

- hīc es.
  너는 이곳에 있다.

☑ cōgitō, cōgitāre 생각하다 ǀ ergō 고로, 그러므로

？ 오늘의 퀴즈

❶ 빈칸에 알맞은 라틴어 동사의 원형(부정형) 혹은 단어를 쓰세요.

뜻	라틴어
도망가다	
취하다, 잡다	
끝내다, 완성하다	
원하다	
만들다, 행하다	
올바르게	
마침내, 드디어	
몰래	

❷ 빈칸에 알맞은 라틴어 문장을 쓰세요. (주어 생략)

라틴어 문장	뜻
	너는 원한다.
	우리는 도망간다.
	나는 완성한다.
	우리는 만든다 / 행한다.
	그(녀)는 취한다.
	너희들은 ~이다.

❸ 빈칸에 알맞은 라틴어를 쓰세요.

수	인칭	esse 있다, ~(이)다
단수	egō (나)	
	tū (너)	
	is, ea, id (그, 그녀, 그것)	
복수	nōs (우리)	
	vōs (너희)	
	eī, eae, ea (그들, 그것들)	

❹ 다음 문장을 라틴어로 쓰세요.

1. 너희는 올바르게 행하지 않는다.

_____

2. 우리는 완성하지 못한다.

_____

3. 나는 생각한다, 고로 존재한다.

_____

 오늘의 라틴어 챙겨 가기

rosa
장미

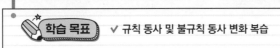

06 동사 변화 복습

학습 목표 ✔ 규칙 동사 및 불규칙 동사 변화 복습

❶ 1변화 동사 변화

수	인칭	amāre 사랑하다
단수	egō (나)	amō
	tū (너)	amās
	is, ea, id (그, 그녀, 그것)	amat
복수	nōs (우리)	amāmus
	vōs (너희)	amātis
	eī, eae, ea (그들, 그것들)	amant

❶ 빈칸에 알맞은 라틴어 동사의 원형(부정형)을 쓰세요.

뜻	라틴어
걷다, 걸어가다	a
노래하다	c
실수하다	e
일하다	l
사랑하다	a
서둘러 가다	f

❷ 다음 문장을 라틴어로 쓰세요.

1. 나는 사랑한다.

➡ _____

2. 너는 걸어간다.

➡ _____

3. 그는 노래한다.

➡ _____

4. 우리는 일한다.

➡ _____

5. 너희들은 실수한다.

➡ _____

6. 그들은 사랑한다.

➡ _____

7. 우리는 종종 실수한다.

➡ _____

8. 그들은 오랫동안 일한다.

➡ _____

9. 너희들은 빠르게 걷는다.

➡ _____

10. 나는 오랫동안 노래한다.

➡ _____

☑️ saepe 종종, 이따금 I diū 오래, 오랫동안 I celeriter 빠르게

❷ 2변화 동사 변화

수	인칭	monēre 조언하다
단수	egō (나)	moneō
	tū (너)	monēs
	is, ea, id (그, 그녀, 그것)	monet
복수	nōs (우리)	monēmus
	vōs (너희)	monētis
	eī, eae, ea (그들, 그것들)	monent

❶ 빈칸에 알맞은 라틴어 동사의 원형(부정형)을 쓰세요.

뜻	라틴어
아프다	d
머무르다	m
조언하다	m
기뻐하다	g
울다	f
누워 있다	i

❷ 다음 문장을 라틴어로 쓰세요.

1. 나는 종종 조언한다.

   ➡ _____

2. 너는 이곳에 머문다.

   ➡ _____

3. 그녀는 심하게 아프다.

   ➡ _____

4. 우리는 많이 기뻐한다.

   ➡ _____

5. 너는 많이 운다.

   ➡ _____

6. 그들은 저곳에 누워 있다.

   ➡ _____

7. 우리들은 오랫동안 머무른다.

   ➡ _____

8. 우리는 가볍게 고통을 느낀다.

   ➡ _____

9. 나는 오랫동안 운다.

➡ _____

10. 그는 저곳에서 운다.

➡ _____

☑ graviter 심하게, 무겁게 ǀ multum 많이, 몹시 ǀ ibi 저곳에(서) ǀ leviter 가볍게, 심하지 않게

❸ 4변화 동사 변화

수	인칭	audīre 듣다
단수	egō (나)	audiō
	tū (너)	audīs
	is, ea, id (그, 그녀, 그것)	audit
복수	nōs (우리)	audīmus
	vōs (너희)	audītis
	eī, eae, ea (그들, 그것들)	audiunt

❶ 빈칸에 알맞은 라틴어 동사의 원형(부정형)을 쓰세요.

뜻	라틴어
오다	v
도착하다	a
듣다	a
알다	s
자다	d
지키다	c

❷ 다음 문장을 라틴어로 쓰세요.

1. 나는 이곳에서 듣는다.

   ➡ _____

2. 너희들은 이곳으로 온다.

   ➡ _____

3. 우리들은 알지 못한다.

   ➡ _____

4. 그들은 늦게 도착한다.

   ➡ _____

5. 나는 오랫동안 잔다.

   ➡ _____

6. 그는 잘 지킨다.

   ➡ _____

7. 너희들은 일찍 도착한다.

   ➡ _____

8. 우리는 여기서 잠을 잔다.

   ➡ _____

9. 너희들은 듣지 않는다.

➡ _____

10. 우리는 이곳에서 지킨다.

➡ _____

☑ hūc 이곳으로 I sērō 늦게 I bene 잘, 훌륭하게 I mātūrē 일찍

❹ 3변화 동사 변화

수	인칭	mittere 보내다
단수	egō (나)	mittō
	tū (너)	mittis
	is, ea, id (그, 그녀, 그것)	mittit
복수	nōs (우리)	mittimus
	vōs (너희)	mittitis
	eī, eae, ea (그들, 그것들)	mittunt

❶ 빈칸에 알맞은 라틴어 동사의 원형(부정형)을 쓰세요.

뜻	라틴어
달리다	c
휴식을 취하다	q
이해하다	i
놀다	l
보내다	m
말하다	d

❷ 다음 문장을 라틴어로 쓰세요.

1. 나는 보내지 않는다.

   ➡ _____

2. 너는 빨리 달린다.

   ➡ _____

3. 우리들은 이해하지 못한다.

   ➡ _____

4. 그들은 오래 휴식을 취한다.

   ➡ _____

5. 너희들은 오랫동안 논다.

   ➡ _____

6. 우리는 말하지 않는다.

   ➡ _____

7. 나는 느리게 달린다.

   ➡ _____

8. 너는 이곳에서 휴식을 취한다.

   ➡ _____

9. 우리는 놀지 않는다.

➡ _____

10. 너희들은 오랫동안 달린다.

➡ _____

☑ lentē 느리게, 천천히

❺ 3-io변화 동사 변화

수	인칭	capere 취하다
단수	egō (나)	capiō
	tū (너)	capis
	is, ea, id (그, 그녀, 그것)	capit
복수	nōs (우리)	capimus
	vōs (너희)	capitis
	eī, eae, ea (그들, 그것들)	capiunt

❶ 빈칸에 알맞은 라틴어 동사의 원형(부정형)을 쓰세요.

뜻	라틴어
원하다	c
도망가다	f
행하다	f
완성하다	c
취하다	c

❷ 다음 문장을 라틴어로 쓰세요.

1. 나는 취하지 않는다.

    ➡ _____

2. 마침내 우리는 원한다.

    ➡ _____

3. 그들은 몰래 도망간다.

    ➡ _____

4. 너희들은 올바르게 행한다.

    ➡ _____

5. 그는 마침내 완성한다.

    ➡ _____

6. 우리는 빠르게 도망간다.

    ➡ _____

7. 나는 전혀 원하지 않는다.

    ➡ _____

8. 그들은 몰래 취한다.

    ➡ _____

9. 너희들은 행하지 않는다.

➡ _____

10. 그는 마침내 도망간다.

➡ _____

☑ tandem 마침내, 결국 I clam 몰래 I rēctē 올바르게 I omnīnō 완전히, 온전히

6 불규칙 동사 - sum 동사

인칭에 따른 sum 동사의 형태를 쓰세요.

수	인칭	esse 있다, ~(이)다
단수	egō (나)	
	tū (너)	
	is, ea, id (그, 그녀, 그것)	
복수	nōs (우리)	
	vōs (너희)	
	eī, eae, ea (그들, 그것들)	

① 다음 문장을 라틴어로 쓰세요.

1. 너는 이곳에 있다.

➡ _____

2. 그들은 저곳에 있다.

➡ _____

3. 나는 생각한다, 고로 존재한다.

➡ _____

☑ cōgitō, cōgitāre 생각하다, 사고하다 | ergō 고로, 그러므로

07 1변화 명사 단수

 학습 목표

✔ 라틴어 명사의 특징
✔ 성, 수, 격에 따른 1변화 명사 단수 형태
✔ 1변화 명사 남성의 예

❶ 라틴어 명사의 특징

❶ 1변화에서 5변화까지, 총 5개의 그룹으로 분류

❷ 3가지 성 (남성, 여성, 중성)

❸ 수 (단수, 복수)

❹ 6가지 격

주격	nōminātīvus	대격	accūsātīvus
속격	genitīvus	탈격	ablātīvus
여격	datīvus	호격	vocātīvus

❺ 명사의 그룹을 정할 때는 단수 주격 (nom.)과 단수 속격 (gen.)이 중요

❷ 6가지 격

❶ 주격(nom.): 문장의 주어 (~은, ~는, ~이, ~가)

❷ 속격(gen.): 소유의 의미 (~의)

❸ 여격(dat.): 간접 목적어 (~에게, ~을/를 위해)

❹ 대격(acc.): 직접 목적어 (~을, ~를)

❺ 탈격(abl.): 전치사와 결합하거나 수단을 표시 (~을/를 이용하여, ~을/를 통하여)

❻ 호격(voc.): 사람이나 물건을 부를 때 사용 (~여, ~야)

③ 1변화 명사

단수 주격 (nom.)이 −a로 끝나고 단수 속격 (gen.)이 −ae로 끝나는 명사

④ 1변화 명사의 특징

❶ 1변화 명사의 성은 대부분 여성 (f. 로 표기)

❷ 남성도 존재 (m. 으로 표기)

❸ 단수 주격에서 마지막 −a를 뺀 부분이 어간

❹ 단수 주격은 단음 −a (단수 탈격은 장음 −ā인 것에 유의)

❺ 호격은 단 / 복수 모두 주격과 동일한 형태

⑤ 1변화 명사 형태 – 단수

격	단수
주격	puella
속격	puellae
여격	puellae
대격	puellam
탈격	puellā
호격	puella

f. puella, -ae 소녀

- 주격 (nom.) puella festīnat.
  소녀가 서둘러 간다.

- 속격 (gen.) amīca puellae currit.
  소녀의 친구가 달려간다.

- 여격 (dat.)   puellae cantō.
  나는 소녀에게 (소녀를 위해) 노래한다.

- 대격 (acc.)   puellam amāmus.
  우리는 그 소녀를 사랑한다.

- 탈격 (abl.)   cum puellā fugimus.
  우리는 그 소녀와 도망간다.

- 호격 (voc.)   puella, nōn intellegimus.
  소녀여, 우리는 이해할 수 없다.

☑ festīnō, festīnāre 서둘러 가다 | f. amīca, -ae (여자) 친구 | currō, currere 뛰다, 달리다
  cantō, cantāre 노래하다 | amō, amāre 사랑하다 | cum (전치사) + 탈격 ~와(과) 함께
  fugiō, fugere 도망가다 | intellegō, intellegere 이해하다

⑥ 1변화 명사 활용 – 단수

- puella magistram videt.
  그 <u>소녀가</u> <u>선생님을</u> 본다.
     <u>주격</u>   <u>대격</u>

- puella amīca Claudiae est.
  그 <u>소녀는</u> <u>클라우디아의</u> <u>친구다.</u>
     <u>주격</u>   <u>속격</u>   <u>주격</u>

- 너는 소녀에게 편지를 보낸다.
  puellae epistulam mittis.
    <u>여격</u>   <u>대격</u>

- 그 소녀의 친구가 빠르게 달린다.
  amīca puellae celeriter currit.
    <u>주격</u>   <u>속격</u>

☑ f. magistra, -ae (여)선생님 | videō, vidēre 보다 | f. amīca, -ae (여자) 친구
  est 그는(그녀는) ~(이)다 | f. epistula, -ae 편지 | mittō, mittere 보내다
  celeriter 빠르게

❶ 밑줄 친 부분에 들어갈 알맞은 말을 쓰세요.

  1. 그 여자는 그 소녀에게 편지를 보낸다.

    ➡ _____ puellae _____ mittit.

  2. 그 소녀는 그 여자에게 편지를 보낸다.

    ➡ _____ _____ epistulam mittit.

  3. 그 여자와 함께 우리는 빠르게 달린다.

    ➡ cum _____ celeriter currimus.

❷ 밑줄 친 부분에 들어갈 어미를 쓰세요.

  1. (여)친구여, 소녀가 (여)선생님과 함께 온다.

    ➡ amīc___, puell___ cum magistr___ venit.

  2. 소녀가 (여)선생님에게 노래한다.

    ➡ puell___ magistr___ cantat.

  3. (여)선생님이여, 소녀가 그 여자의 (여)친구와 서둘러 갑니다.

    ➡ magistr___,

      puell___ cum amīc___ fēmin___ festīnat.

  ☑ f. fēmina, -ae 여자 ǀ f. epistula, -ae 편지 ǀ mittō, mittere 보내다
    f. magistra, -ae (여)선생님 ǀ veniō, venīre 오다

❼ 1변화 명사 – 남성

❶ 1변화 명사는 주로 여성 명사지만 드물게 남성 명사도 존재
❷ 주로 직업이나 신분을 나타내는 명사
　예시 agricola 농부, poēta 시인, nauta 선원 등
❸ 성은 남성이지만 어미 변화는 1변화 명사와 동일

❽ 1변화 명사 활용 – 남성

• 농부가 소녀를 사랑한다.
　agricola puellam amat.
　　주격

• Claudia est amīca poētae.
　클라우디아는 시인의 친구다.
　　　　　　속격

☑ m. agricola, -ae 농부 ∣ m. poēta, -ae 시인

---

❶ 빈칸에 들어갈 알맞은 말을 쓰세요.

1. 나는 농부와 걷는다.

➡ cum _____ ambulō.

2. 시인이여, 농부가 이리로 온다.

➡ _____, _____ hūc venit.

---

❶ 빈칸에 알맞은 라틴어를 쓰세요.

격	단수
주격	puella
속격	
여격	
대격	
탈격	
호격	

❷ 다음 문장을 라틴어로 쓰세요.

1. 그 (여)선생님은 그 소녀를 사랑한다.

_____

2. 우리는 그 소녀와 달린다.

_____

3. 소녀여, 그들은 (여)선생님과 서둘러 간다.

_____

4. 우리는 (여)선생님을 사랑한다.

_____

5. 그 농부는 이곳에서 시인을 본다.

_____

 오늘의 라틴어 챙겨 가기

nox

밤

08 1변화 명사 복수

 학습 목표
✔ 성, 수, 격에 따른 1변화 명사 복수 형태
✔ 1변화 명사 남성의 예

❶ 1변화 명사 형태 – 복수

격	복수	단수
주격	puellae	puella
속격	puellārum	puellae
여격	puellīs	puellae
대격	puellās	puellam
탈격	puellīs	puellā
호격	puellae	puella

f. puella, -ae 소녀

- 주격 (nom.) puellae festīnant.
  소녀들이 서둘러 간다.

- 속격 (gen.) amīca puellārum currit.
  소녀들의 친구가 달려간다.

- 여격 (dat.) puellīs cantō.
  나는 소녀들에게(들을 위해) 노래한다.

- 대격 (acc.) puellās amāmus.
  우리는 그 소녀들을 사랑한다.

- 탈격 (abl.)　　cum puellīs fugimus.
　　　　　　　　우리는 그 소녀들과 도망간다.

- 호격 (voc.)　　puellae, nōn intellegimus.
　　　　　　　　소녀들이여, 우리는 이해할 수 없다.

☑ festīnō, festīnāre 서둘러 가다 ǀ f. amīca, -ae (여자) 친구 ǀ currō, currere 뛰다, 달리다
cantō, cantāre 노래하다 ǀ amō, amāre 사랑하다 ǀ cum (전치사) + 탈격 ~와(과) 함께
fugiō, fugere 도망가다 ǀ intellegō, intellegere 이해하다

❷ 1변화 명사 활용 - 복수

- 그 소녀들이 (여)선생님들을 본다.
  puellae magistrās vident.
  　주격　　　대격

- 그 소녀들은 클라우디아의 친구들이다.
  puellae amīcae Claudiae sunt.
  　주격　　　주격　　　속격

- 우리는 소녀들에게 편지들을 보낸다.
  puellīs epistulās mittimus.
  　여격　　　대격

- 그 소녀들의 친구들이 빠르게 달린다.
  amīcae puellārum celeriter currunt.
  　주격　　　속격

☑ sunt 그들은 ~(이)다 ǀ f. epistula, -ae 편지 ǀ mittō, mittere 보내다
celeriter 빠르게

❶ 밑줄 친 부분에 격에 알맞은 어미를 쓰세요.

1. (여)친구들이여, 그들이 이리로 온다.

   ➡ amīc_____, hūc veniunt.

2. 친구들과 우리는 이곳에 앉아 있다.

   ➡ cum amīc_____ hīc sedēmus.

3. 우리는 선생님들에게 편지들을 보낸다.

   ➡ magistr_____ epistul_____ mittimus.

4. 여자들의 (여)친구들이 빠르게 달린다.

   ➡ amīc_____ fēmin_____ celeriter currunt.

5. 이곳에서 우리는 (여)선생님들을 본다.

   ➡ magistr_____ hīc vidēmus.

6. 여인들이여, 소녀들이 친구들에게 노래한다.

   ➡ fēmin_____, puell_____ amīc_____ cantant.

7. 농부들이 시인들을 본다.

   ➡ agricol_____ poēt_____ vident.

8. 시인들이 농부들과 걸어간다.

   ➡ poēt_____ cum agricol_____ ambulant.

❓ 오늘의 퀴즈

❶ 빈칸에 알맞은 라틴어를 쓰세요.

격	복수
주격	epistulae
속격	
여격	
대격	
탈격	
호격	

❷ 다음 문장을 라틴어로 쓰세요.

1. (여)선생님이 소녀들을 사랑한다.

_____

2. 우리는 그 소녀들과 걷는다.

_____

3. 여인들이여, 그들은 소녀와 달린다.

_____

4. 시인들이 농부를 본다.

_____

5. 농부가 시인들과 걷는다.

_____

margarīta
진주

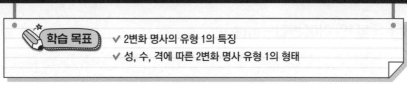

LESSON 09 2변화 명사 유형 ①

① 2변화 명사

2변화 명사는 단수 주격과 속격의 모양에 따라 총 4가지 유형으로 구분된다.

유형	주격(nom.) 어미	속격(gen.) 어미
유형 ①	− us	− ī
유형 ②	− er	− erī
유형 ③	− er	− rī
유형 ④	− um	− ī

② 2변화 명사 – 유형 1 특징

❶ 어간에 어미를 붙여 격 변화

❷ 단수 주격: 어간 + us / 단수 속격: 어간 + ī

❸ 동일한 어미에 주의

❹ 단수 호격(voc.)에 유의

❺ 대다수가 남성 명사

❸ 유형 1의 어미 변화 - amīcus

격	단수	복수
주격	amīcus	amīcī
속격	amīcī	amīcōrum
여격	amīcō	amīcīs
대격	amīcum	amīcōs
탈격	amīcō	amīcīs
호격	amīce	amīcī

> ## m. amīcus, -ī (남자) 친구

- 주격 (nom.) amīcus ambulat.
  친구가 걷는다.

- 속격 (gen.) fīlius amīcī ambulat.
  친구의 아들이 걷는다.

- 여격 (dat.) amīcō fābulam narrō.
  나는 (나의) 친구에게 이야기를 들려준다.

- 대격 (acc.) amīcum videō.
  나는 (나의) 친구를 본다.

- 탈격 (abl.) cum amīcō currō.
  나는 (나의) 친구와 함께 달린다.

- 호격 (voc.) amīce, hūc venit!
  친구야, 그가(그녀가) 이리로 온다!

☑ ambulō, ambulāre 걷다 ㅣ m. fīlius, -ī 아들 ㅣ f. fābula, -ae 이야기
narrō, narrāre (이야기를) 들려주다 ㅣ videō, vidēre 보다 ㅣ cum + 탈격 ~와(과) 함께
currō, currere 뛰다, 달리다 ㅣ hūc 이리로 ㅣ veniō, venīre 오다

④ 2변화 명사, 유형1 - 단수 활용

- 소녀가 그 학생에게 이야기를 들려준다.
  puella discipulō fābulam narrat.
  <u>여격</u>

- 마르쿠스는 그 소녀의 친구다.
  Marcus amīcus puellae est.
  <u>주격</u> <u>주격</u>

- 율리아는 마르쿠스의 친구다.
  Iūlia amīca Marcī est.
  <u>속격</u>

- 마르쿠스는 율리아에게 (율리아를 위해) 노래를 부른다.
  Marcus Iūliae cantat.
  <u>주격</u>

- 율리아는 마르쿠스에게 (마르쿠스를 위해) 노래를 부른다.
  Iūlia Marcō cantat.
  <u>여격</u>

- 우리는 학생과 함께 걷는다.
  cum discipulō ambulāmus.
  <u>탈격</u>

☑ m. discipulus, -ī 학생 | cantō, cantāre 노래하다

5 **2변화 명사, 유형 1 – 복수**

> # m. amīcus, -ī (남자) 친구

- 주격 (nom.)   amīcī ambulant.
  친구들이 걷는다.

- 속격 (gen.)   fīliī amīcōrum ambulant.
  친구들의 아들들이 걷는다.

- 여격 (dat.)   amīcīs fābulam narrō.
  나는 (나의) 친구들에게 이야기를 들려준다.

- 대격 (acc.)   amīcōs videō.
  나는 (나의) 친구들을 본다.

- 탈격 (abl.)   cum amīcīs currō.
  나는 (나의) 친구들과 함께 달린다.

- 호격 (voc.)   amīcī, hūc venit!
  친구들아, 그가(그녀가) 이리로 온다!

6 **2변화 명사, 유형 1 – 복수 활용**

- 우리들은 (우리들의) 친구들을 본다.
  amīcōs vidēmus.
    대격

- 나는 친구들에게 편지들을 보낸다.
  amīcīs epistulās mittō.
    여격

- 학생들이 소녀들과 이리로 온다.
  discipulī cum puellīs hūc veniunt.
    주격

- 마르쿠스는 그 학생들의 친구다.

  Marcus amīcus <u>discipulōrum</u> est.
                      속격

☑ f. epistula, -ae 편지 l mittō, mittere 보내다

❼ 유형 1의 어미 변화 - amīcus

격	단수	복수
주격	amīcus	amīcī
속격	amīcī	amīcōrum
여격	amīcō	amīcīs
대격	amīcum	amīcōs
탈격	amīcō	amīcīs
호격	amīce	amīcī

❽ 2변화 명사, 유형 1 - 단·복수 활용

■ 밑줄 친 부분에 들어갈 어미를 쓰세요.

- 마르쿠스와 퀸투스는 친구다.

  <u>Marc</u>   et <u>Quint</u>   <u>amīc</u>   sunt.
  단수 주격   단수 주격   복수 주격

- 그 학생은 (그의) (남)친구들을 사랑합니다.

  <u>discipul</u>   <u>amīc</u>   amat.
  단수 주격   복수 대격

- 마르쿠스야, 소녀들이 학생들에게 노래한다!

  <u>Marc</u>   , puellae <u>discipul</u>   cantant!
  단수 호격   복수 여격

- 그 학생이 친구들과 함께 달린다.

  <u>discipul</u>   cum <u>amīc</u>   currit.
  단수 주격   복수 탈격

❶ 괄호 안에 알맞은 라틴어를 쓰세요.

1. (   ) puellae cantat.

   (남)친구가 그 소녀에게 노래한다.

2. Quintus fīlius (   ) est.

   퀸투스는 그 (남)친구의 아들이다.

3. (   ) fābulās narrāmus.

   우리는 그 친구들에게 이야기들을 들려준다.

4. (   ) vidēmus.

   우리는 그 (남)친구들을 본다.

5. (   ) lūdimus.

   우리는 그 (남)친구와 논다.

6. (   ), cantant!

   (남)친구여, 그들이 노래한다!

❷ 다음 문장을 라틴어로 쓰세요.

1. 그 (남)친구는 그 소녀에게 이야기를 들려준다.

_____

2. 우리들은 그 학생들을 사랑합니다.

_____

3. 마르쿠스의 아들들은 퀸투스의 아들들과 논다.

_____

 오늘의 라틴어 챙겨 가기

ventus
바람

학습 목표
✔ 2변화 명사의 유형 2의 특징
✔ 성, 수, 격에 따른 2변화 명사 유형 2의 형태

① 2변화 명사

2변화 명사는 단수 주격과 속격의 모양에 따라 총 4가지 유형으로 구분된다.

유형	주격(nom.) 어미	속격(gen.) 어미
유형 ①	– us	– ī
유형 ②	– er	– erī
유형 ③	– er	– rī
유형 ④	– um	– ī

② 2변화 명사 – 유형 2

단수 주격 (nom.)이 –er로 끝나고 단수 속격 (gen.)이 –erī로 끝나는 명사

③ 2변화 명사 – 유형 2 특징

❶ 단수 속격(gen.)의 마지막 –ī를 제외한 부분이 어간
❷ 단수 호격(voc.)은 주격(nom.)과 동일
❸ 나머지 격 변화는 유형 1과 동일
❹ 남성 명사
❺ 매우 드물게 나타나는 유형

❹ 유형 2의 어미 변화 – puer

격	단수	복수
주격	puer	puerī
속격	puerī	puerōrum
여격	puerō	puerīs
대격	puerum	puerōs
탈격	puerō	puerīs
호격	puer	puerī

❺ 2변화 명사, 유형 2 – 단수

> ## m. puer, -erī 소년

- 주격 (nom.)　puer hīc sedet.
  소년이 이곳에 앉아 있다.

- 속격 (gen.)　amīca puerī suāviter cantat.
  소년의 (여자) 친구가 달콤하게 노래한다.

- 여격 (dat.)　puerō epistulam mittō.
  나는 그 소년에게 편지를 보낸다.

- 대격 (acc.)　puerum amāmus.
  우리는 그 소년을 사랑한다.

- 탈격 (abl.)　cum puerō celeriter currunt.
  그들은 그 소년과 빠르게 달린다.

- 호격 (voc.)　puer, fugiunt.
  소년아, 그들이 도망간다.

☑ sedeō, sedēre 앉다 ㅣ f. amīca, -ae (여자) 친구 ㅣ suāviter 달콤하게 ㅣ cantō, cantāre 노래하다
f. epistula, -ae 편지 ㅣ mittō, mittere 보내다 ㅣ amō, amāre 사랑하다 ㅣ cum (전치사) + 탈격
~와(과) 함께 ㅣ celeriter 빠르게 ㅣ currō, currere 뛰다, 달리다 ㅣ fugiō, fugere 도망가다

⑥ 2변화 명사, 유형 2 – 단수 활용

■ 밑줄 친 부분에 들어갈 라틴어를 쓰세요.

- 그 소년은 그 소녀를 사랑한다.

  _____ puellam amat.
  　주격

- 그 소녀는 그 소년을 사랑한다.

  puella _____ amat.
  　　　　　대격

- 사위가 장인을 초대한다.

  _____ _____ invītat.
  　주격　　　　대격

- 장인이 사위를 초대한다.

  _____ _____ invītat.
  　주격　　　　대격

☑ m. gener, -erī 사위 ǀ m. socer, -erī 장인(어른) ǀ invītō, invītāre 초대하다

⑦ 2변화 명사 유형 2 – 복수

> ### m. puer, -erī 소년

- 주격 (nom.)　　puerī hīc sedent.
  　　　　　　　　소년들이 이곳에 앉아 있다.

- 속격 (gen.)　　amīca puerōrum suāviter cantat.
  　　　　　　　　소년들의 (여자) 친구가 달콤하게 노래한다.

- 여격 (dat.)　　puerīs epistulam mittō.
  　　　　　　　　나는 그 소년들에게 편지를 보낸다.

- 대격 (acc.)　　puerōs amāmus.
  　　　　　　　　우리는 그 소년들을 사랑한다.

- 탈격 (abl.)　cum puerīs celeriter currunt.
　　　　　　　그들은 그 소년들과 빠르게 달린다.

- 호격 (voc.)　puerī, fugiunt.
　　　　　　　소년들아, 그들이 도망간다.

⑧ 2변화 명사, 유형 2 – 복수 활용

■ 밑줄 친 부분에 들어갈 라틴어를 쓰세요.

- 그 소년들이 그 소녀들을 사랑한다.
　_____ puellās amant.
　　주격

- 그 소녀들은 그 소년들을 사랑한다.
　puellae _____ amant.
　　　　　대격

- 마침내 우리는 그 소년들에게 편지들을 보낸다.
　tandem _____ epistulās mittimus.
　　　　　여격

- 종종 그들은 그 소년들을 바라본다.
　saepe _____ spectant.
　　　　　대격

☑ tandem 마침내, 드디어 ǀ saepe 종종, 이따금 ǀ spectō, spectāre 바라보다, 쳐다보다

⑨ 유형 2의 어미 변화 – puer

격	단수	복수
주격	puer	puerī
속격	puerī	puerōrum
여격	puerō	puerīs
대격	puerum	puerōs
탈격	puerō	puerīs
호격	puer	puerī

❿ 2변화 명사, 유형 2 – 단·복수 활용

■ 밑줄 친 부분에 들어갈 라틴어를 쓰세요.

- 마르쿠스는 그 소년들의 친구이다.

  Marcus est amīc____ puer____.

  단수 주격   복수 속격

- 소녀가 소년과 함께 서둘러 간다.

  puella cum puer____ festīnat.

  단수 탈격

- 시인들이 소년들에게 이야기를 들려준다.

  poētae _____ fābulam narrant.

  복수 여격

- 소년들이여, 그들은 오지 않는다!

  _____, nōn veniunt!

  복수 호격

☑ m. poēta, –ae 시인

❓ 오늘의 퀴즈

❶ 괄호 안에 알맞은 라틴어를 쓰세요.

1. (　　　　　　) amīcus (　　　　　　　　) est.

   그 소년은 마르쿠스의 친구입니다.

2. amīcus (　　　　　　　) hūc venit.

   그 소년의 (남)친구가 이리로 옵니다.

3. fēmina (　　　　　　　) suāviter cantat.

   그 여자는 그 소년에게 달콤하게 노래한다.

4. puellae (   ) iuvant.

소녀들이 소년들을 돕는다.

5. cum (   ) ambulō.

나는 소년들과 걷는다.

6. (   ), sapientiam amāmus.

소년들이여, 우리는 지혜를 사랑한다.

❷ 다음 문장을 라틴어로 쓰세요.

1. 우리는 소년들을 초대한다.

_____

2. 그 소년은 이곳에 앉아 있다.

_____

☑ iuvō, iuvāre 돕다

오늘의 라틴어 챙겨 가기

fēlēs
고양이

학습 목표
✔ 2변화 명사의 유형 3의 특징
✔ 성, 수, 격에 따른 2변화 명사의 유형 3의 형태

① 2변화 명사

2변화 명사는 단수 주격과 속격의 모양에 따라 총 4가지 유형으로 구분된다.

유형	주격(nom.) 어미	속격(gen.) 어미
유형 ①	- us	-ī
유형 ②	- er	- erī
유형 ③	- er	- rī
유형 ④	- um	-ī

② 2변화 명사 - 유형 3

단수 주격 (nom.)이 - er로 끝나고 단수 속격 (gen.)이 - rī로 끝나는 명사

③ 2변화 명사 - 유형 3 특징

❶ 어간 - 단수 주격의 끝에서 두 번째 철자 e 탈락
❷ 단수 속격(gen.)의 마지막 -ī를 제외한 부분이 어간
❸ 단수 호격(voc.)은 주격(nom.)과 동일
❹ 나머지 격 변화는 유형 1과 동일
❺ 남성 명사

❹ 유형 3의 어미 변화 - magister

격	단수	복수
주격	magister	magistrī
속격	magistrī	magistrōrum
여격	magistrō	magistrīs
대격	magistrum	magistrōs
탈격	magistrō	magistrīs
호격	magister	magistrī

❺ 2변화 명사, 유형 3 - 단수

m. magister, -rī 선생님, 교사

- 주격 (nom.) magister puerōs videt.
  선생님이 소년들을 본다.

- 속격 (gen.) amīcus magistrī sum.
  나는 그 교사의 친구이다.

- 여격 (dat.) puerī magistrō epistulās mittunt.
  그 소년들이 선생님에게 편지들을 보낸다.

- 대격 (acc.) magistrum dīligimus.
  우리는 그 선생님을 좋아한다.

- 탈격 (abl.) cum magistrō hūc venit.
  그는(그녀는) 선생님과 이곳으로 온다.

- 호격 (voc.) magister, dīligenter discimus!
  선생님, 우리는 열심히 배웁니다!

☑ videō, vidēre 보다 I dīligō, dīligere 좋아하다 I hūc 이리로 I veniō, venīre 오다
dīligenter 부지런히, 열심히 I discō, discere 배우다

❻ 2변화 명사, 유형 3 – 단수 활용

- magister librum legit.

  그 <u>선생님은</u> <u>책을</u> 읽는다.

     주격   대격

- hīc magister est.

  그 <u>선생님이</u> 여기 있다.

     주격

■ 밑줄 친 부분에 들어갈 라틴어를 쓰세요.

- 마르쿠스는 선생님이다.

  Marcus est _____.

            주격

- 클라우디아는 선생님이다.

  Claudia est _____.

           주격

- (남)선생님, 저는 이곳에서 책을 읽습니다!

  _____, hīc _____ legō!

    호격   대격

- 우리는 (남)선생님에게 책을 보낸다.

  _____ _____ mittimus.

    여격   대격

☑ m. liber, –rī 책 ǀ legō, legere 읽다

❼ 2변화 명사 유형 3 – 복수

> # m. magister, -rī 선생님, 교사

- 주격 (nom.)   magistrī puerōs vident.

                    선생님들이 소년들을 본다.

- 속격 (gen.)   amīcus magistrōrum sum.

                    나는 그 교사들의 친구이다.

- 여격 (dat.)   puerī magistrīs epistulās mittunt.
  그 소년들이 선생님들에게 편지들을 보낸다.

- 대격 (acc.)   magistrōs dīligimus.
  우리는 그 선생님들을 좋아한다.

- 탈격 (abl.)   cum magistrīs hūc venit.
  그는(그녀는) 선생님들과 이곳으로 온다.

- 호격 (voc.)   magistrī, dīligenter discimus!
  선생님들, 우리는 열심히 배웁니다!

⑧ 2변화 명사, 유형 3 – 복수 활용

■ 밑줄 친 부분에 들어갈 라틴어를 쓰세요.

- puerī cum magistr___ sedent.
  소년들이 선생님들과 함께 앉아 있다.
      탈격

- magistr__ , discipulī veniunt!
  (남)선생님들이여, 학생들이 옵니다!
      호격

- 그 (남)선생님들이 책들을 읽는다.
  magistr___ libr___ legunt.
      주격   대격

- 우리는 그 (남)선생님들을 본다.
  magistr___ vidēmus.
      대격

- 소녀들과 소년들이 책들을 읽는다.
  puellae et puerī _____ legunt.
                        대격

- 너는 그 선생님들과 여기로 온다.
  cum _____ hūc venīs.
          탈격

❾ 2변화 명사 – 유형 3 활용

• 우리는 선생님들에게 이야기를 들려준다.

➡ (＿＿＿＿＿＿＿＿) (＿＿＿＿＿＿) (＿＿＿＿＿＿).
　　　복수 여격

• (남)선생님이여, 우리는 이해하지 못합니다!

➡ (＿＿＿＿＿＿＿＿), (＿＿＿＿＿＿) (＿＿＿＿＿＿)!
　　　단수 호격

☑ intellegō, intellegere 이해하다

❓ 오늘의 퀴즈

❶ 괄호 안에 알맞은 라틴어를 쓰세요.

1. (＿＿＿＿＿＿＿＿) librōs legunt.

   (남)선생님들이 책들을 읽는다.

2. Marcus fīlius (＿＿＿＿＿＿＿) est.

   마르쿠스는 (남)선생님의 아들이다.

3. (＿＿＿＿＿＿＿＿) epistulam mittit.

   그는 (남)선생님에게 편지를 보낸다.

4. (＿＿＿＿＿＿＿＿) dīligunt.

   그들은 (남)선생님들을 좋아한다.

5. cum (＿＿＿＿＿＿＿) venīmus.

   우리는 (남)선생님과 함께 온다.

6. (＿＿＿＿＿＿＿＿), puerōs amās!

   (남)선생님, 당신은 소년들을 사랑합니다!

❷ 다음 문장을 라틴어로 쓰세요.

1. 우리는 (남)선생님들을 초대한다.

_____

2. 그 소년은 이곳에서 책을 읽는다.

_____

 오늘의 라틴어 챙겨 가기

caelum
하늘

12 2변화 명사 유형 ④

학습 목표
✔ 2변화 명사의 유형 4의 특징
✔ 성, 수, 격에 따른 2변화 명사 유형 4의 형태

❶ 2변화 명사

2변화 명사는 단수 주격과 속격의 모양에 따라 총 4가지 유형으로 구분된다.

유형	주격(nom.) 어미	속격(gen.) 어미
유형 ①	– us	– ī
유형 ②	– er	– erī
유형 ③	– er	– rī
유형 ④	– um	– ī

❷ 2변화 명사 – 유형 4

단수 주격 (nom.)이 –um으로 끝나고 단수 속격 (gen.)이 –ī로 끝나는 명사

❸ 2변화 명사 – 유형 4 특징

❶ 어간에 어미를 붙여 격 변화
❷ 단수 주격: 어간 + um / 단수 속격: 어간 + ī
❸ 동일한 어미에 주의
❹ 중성 명사 (n.으로 표기)
❺ 모든 중성에서 주격과 대격의 형태가 동일

④ 유형 4의 어미 변화 - dōnum

격	단수	복수
주격	dōnum	dōna
속격	dōnī	dōnōrum
여격	dōnō	dōnīs
대격	dōnum	dōna
탈격	dōnō	dōnīs
호격	dōnum	dōna

⑤ 2변화 명사, 유형 4 - 단수

> ### n. dōnum, -ī 선물

- 주격 (nom.) hīc dōnum est.
  여기 선물이 있다.

- 속격 (gen.) pretium dōnī nōn sciō.
  나는 그 선물의 가격을 모른다.

- 여격 (dat.) dōnō amīcitiam praepōnō.
  나는 선물에게(앞에) 우정을 놓는다. (나는 우정을 선물보다 중요하게 여긴다.)

- 대격 (acc.) dōnum puellae mittō.
  나는 그 소녀에게 선물을 보낸다.

- 탈격 (abl.) amīcum dōnō dēlectō.
  나는 선물로(수단으로 하여) 친구를 기쁘게 한다.

- 호격 (voc.) ō dōnum!
  오 선물이여!

☑ n. pretium, -ī 가격, 가치 ǀ sciō, scīre 알다 ǀ f. amīcitia, -ae 우정
praepōnō, praepōnere ~을/를(대격) ~앞에(여격) 놓다, 중요하게 여기다
dēlectō, dēlectāre 기쁘게 하다

6 2변화 명사, 유형 4 – 단수 활용

- dōnum puerō emō.
나는 그 소년을 위해 선물을 산다.
<u>대격</u>

- 그 책은 그 친구의 선물이다.
liber <u>dōnum</u> amīcī est.
<u>주격</u>

■ 밑줄 친 부분에 들어갈 라틴어를 쓰세요.

- 오, 전쟁이여!
ō <u>bell   </u>!
<u>호격</u>

- 우리는 전쟁을 사랑하지 않는다.
<u>bell   </u> nōn amāmus.
<u>대격</u>

- 저곳에 선물이 있다.
ibi _____ est.
<u>주격</u>

- 우리는 (우리의) 운명을 사랑한다.
_____ amāmus.
<u>대격</u>

☑ emō, emere (물건을) 사다 | n. bellum, -ī 전쟁 | n. fātum, -ī 운명

7 2변화 명사 유형 4 – 복수

> ### n. dōnum, -ī 선물

- 주격 (nom.)　hīc dōna sunt.
　　　　　　　여기 선물들이 있다.

- 속격 (gen.)   pretium dōnōrum nōn sciō.
  나는 그 선물들의 가격을 모른다.

- 여격 (dat.)   dōnīs amīcitiam praepōnō.
  나는 선물들에게(앞에) 우정을 놓는다.
  (나는 우정을 선물들보다 중요하게 여긴다.)

- 대격 (acc.)   dōna puellae mittō.
  나는 그 소녀에게 선물들을 보낸다.

- 탈격 (abl.)   amīcum dōnīs dēlectō.
  나는 선물들로 친구를 기쁘게 한다.

- 호격 (voc.)   ō dōna!
  오 선물들이여!

⑧ 2변화 명사, 유형 4 – 복수 활용

- 오, 전쟁들이여!
  ō bella!
  <u>호격</u>

- 우리는 전쟁들을 사랑하지 않는다.
  bella nōn amāmus.
  <u>대격</u>

■ 밑줄 친 부분에 들어갈 라틴어를 쓰세요.

- 우리는 그 소녀들을 위해 선물들을 산다.
  dōn_____ puellīs emimus.
  <u>대격</u>

- 그 책들은 그 (남)친구들의 선물들이다.
  librī dōn_____ amīcōrum sunt.
  <u>주격</u>

- 이곳에서 우리들은 신전들을 본다.
  hīc _____ vidēmus.
  <u>대격</u>

- 전쟁들의 위험들이 항상 존재한다.

  semper sunt perīcul _____ _____.

  주격 　　　　　 속격

☑ n. bellum, -ī 전쟁 | emō, emere (물건을) 사다 | n. templum, -ī 신전, 사원
n. perīculum, -ī 위험

⑨ 2변화 명사 – 유형 4 활용

■ 밑줄 친 부분에 들어갈 라틴어를 쓰세요.

- 우리는 하늘의 선물들이다.

  dōn _____ _____ sumus.

  복수 주격 　　 단수 속격

- 우리는 운명을 사랑하지 않는다.

  _____ nōn amāmus.

  단수 대격

☑ n. caelum, -ī 하늘 | n. fātum, -ī 운명

❓ 오늘의 퀴즈

❶ 괄호 안에 알맞은 라틴어를 쓰세요.

1. ibi (　　　　　) sunt.

   저곳에 선물들이 있다.

2. scīmus pretium (　　　　　).

   우리는 그 선물들의 가격을 압니다.

3. magistrae (　　　　　) mittitis.

   너희들은 (여)선생님에게 선물을 보낸다.

4. puerōs (   ) dēlectat.

   그는 소년들을 선물들로 기쁘게 만든다.

5. ō (   )!

   오, 선물이여!

❷ 다음 문장을 라틴어로 쓰세요.

   1. (여)선생님이 소녀들을 위해 선물들을 삽니다.

   _____

   2. 그들은 전쟁을 사랑하지 않는다.

   _____

 오늘의 라틴어 챙겨 가기

aurum
금

13 명사 변화 복습

 학습 목표   ✔ 1변화 명사와 2변화 명사 유형 1~4 복습

❶ 1변화 명사 복습

격	단수	복수
주격	puella	puellae
속격	puellae	puellārum
여격	puellae	puellīs
대격	puellam	puellās
탈격	puellā	puellīs
호격	puella	puellae

---

❶ 빈칸에 알맞은 라틴어 단어를 쓰세요.

라틴어	뜻
	(여자) 친구
	(여)선생님
	편지
	여자
	이야기
	농부
	시인

❷ 밑줄 친 부분에 격에 알맞은 명사의 어미를 쓰세요.

1. 그 소녀가 (여)선생님을 본다.

➡ puell_____ magistr_____ videt.

2. 그 소녀의 (여)친구가 빨리 달린다.

➡ amīc_____ puell_____ celeriter currit.

3. 그 여자는 소녀에게 편지를 보낸다.

➡ fēmin_____ puell_____ epistul_____ mittit.

4. 그 소녀들은 클라우디아의 친구들이다.

➡ puell_____ amīc_____ Claudi_____ sunt.

5. 우리는 그 소녀들과 함께 서둘러 간다.

➡ cum puell_____ festīnāmus.

6. (여)선생님, 소녀들이 이리로 옵니다!

➡ magistr_____, puell_____ hūc veniunt!

❷ 2변화 명사 – 유형1 복습

격	단수	복수
주격	amīcus	amīcī
속격	amīcī	amīcōrum
여격	amīcō	amīcīs
대격	amīcum	amīcōs
탈격	amīcō	amīcīs
호격	amīce	amīcī

❶ 빈칸에 알맞은 라틴어 단어를 쓰세요.

라틴어	뜻
	아들
	(남)학생
	마르쿠스
	퀸투스

❷ 밑줄 친 부분에 격에 알맞은 명사의 어미를 쓰세요.

1. 마르쿠스는 그 소녀의 친구다.

   ➡ Marc_____ amīc_____ puellae est.

2. 소녀가 (남)친구를 위해 노래한다.

   ➡ puella amīc_____ cantat.

3. 우리는 그 (남)친구와 함께 걷는다.

   ➡ cum amīc_____ ambulāmus.

4. 마르쿠스와 퀸투스는 친구다.

➡ Marc_____ et Quint_____ amīc_____ sunt.

5. 그 학생은 (남)친구들을 사랑한다.

➡ discipul_____ amīc_____ amat.

6. (남)친구야, 학생들이 이곳에 앉아 있다!

➡ amīc_____, discipul_____ hīc sedent!

❸ 2변화 명사 – 유형 2 복습

격	단수	복수
주격	puer	puerī
속격	puerī	puerōrum
여격	puerō	puerīs
대격	puerum	puerōs
탈격	puerō	puerīs
호격	puer	puerī

❶ 빈칸에 알맞은 라틴어 단어를 쓰세요.

라틴어	뜻
	사위
	장인어른
	소년

❷ 밑줄 친 부분에 격에 알맞은 명사의 어미를 쓰세요.

1. 그 소년은 그 소녀를 사랑한다.

   ➡ puer_____ puellam amat.

2. 그 소녀는 그 소년을 사랑한다.

   ➡ puella puer_____ amat.

3. 퀸투스는 그 소년의 친구다.

   ➡ Quintus amīcus puer_____ est.

4. 소녀들이 소년들과 함께 걷는다.

   ➡ puellae cum puer_____ ambulant.

5. (여)선생님이 소년들에게 편지들을 보낸다.

   ➡ magistra puer_____ epistulās mittit.

6. 사위가 장인어른을 초대한다.

   ➡ gener socer_____ invītat.

❹ 2변화 명사 – 유형 3 복습

격	단수	복수
주격	magister	magistrī
속격	magistrī	magistrōrum
여격	magistrō	magistrīs
대격	magistrum	magistrōs
탈격	magistrō	magistrīs
호격	magister	magistrī

❶ 빈칸에 알맞은 라틴어 단어를 쓰세요.

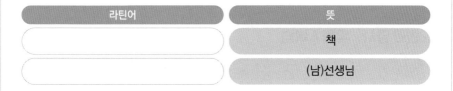

라틴어	뜻
	책
	(남)선생님

❷ 밑줄 친 부분에 격에 알맞은 명사의 어미를 쓰세요.

1. (남)선생님이 책을 읽는다.

    ➡ magister libr_____ legit.

2. 여기 (남)선생님의 책이 있다.

    ➡ hīc liber magistr_____ est.

3. (남)선생님들이 학생들에게 책들을 보낸다.

    ➡ magistr_____ discipulīs libr_____ mittunt.

4. (남)선생님, 우리는 이해하지 못합니다!

➡ magister_____, nōn intellegimus!

5. 소년들과 소녀들이 선생님들과 함께 달린다.

➡ puerī et puellae cum magistr_____ currunt.

6. (남)선생님이 소년들을 위해 책들을 삽니다.

➡ magister_____ puerīs libr_____ emit.

⑤ 2변화 명사 – 유형 4 복습

격	단수	복수
주격	dōnum	dōna
속격	dōnī	dōnōrum
여격	dōnō	dōnīs
대격	dōnum	dōna
탈격	dōnō	dōnīs
호격	dōnum	dōna

❶ 빈칸에 알맞은 라틴어 단어를 쓰세요.

라틴어	뜻
	가격, 가치
	전쟁
	운명
	신전, 사원
	하늘
	선물

❷ 밑줄 친 부분에 격에 알맞은 명사 또는 명사의 어미를 쓰세요.

1. 그 책은 (남)친구의 선물이다.

➡ liber dōn_____ amīcī est.

2. 나는 그 소녀를 위해 선물을 산다.

➡ puellae dōn_____ emō.

3. (남)선생님들이 학생들에게 선물들을 보낸다.

➡ magistrī discipulīs dōn_____ mittunt.

4. 우리는 전쟁을 사랑하지 않는다.

➡ bell_____ nōn amāmus.

5. 너희는 (너희의) 운명을 사랑한다.

➡ fāt_____ amātis.

6. 오, 전쟁과 운명이여!

➡ ō bell_____ et fāt_____!

❸ 다음 문장을 라틴어로 쓰세요.

1. (남)선생님이 소년들을 위해 책들을 삽니다.

➡ _____

2. 클라우디아는 그 시인의 친구다.

➡ _____

3. (남)선생님이 선물들로 학생들을 기쁘게 한다.

➡ _____

4. 소년들의 (남)친구들이 농부들과 함께 앉아 있다.

➡ _____

5. 아들들의 (남)친구들이 농부들을 돕는다.

➡ _____

☑ dēlectō, dēlectāre 기쁘게 하다 | iuvō, iuvāre 돕다

학습 목표
✔ 라틴어 형용사의 특징
✔ 1, 2변화 형용사의 단수 형태와 규칙

❶ 라틴어 형용사의 특징

❶ 형용사는 크게 1, 2변화 형용사와 3변화 형용사 두 가지로 구분

❷ 형용사는 명사의 성(남 / 여 / 중)에 따라 변화

❸ 타 서양어와 마찬가지로 형용사는 서술적 용법과 한정적 용법이 있음

❹ 서술적 용법: 명사의 상태를 설명 ㉔ 그는 착하다.

❺ 한정적 용법: 명사를 직접 수식 ㉔ 착한 사람

❻ 서술적 용법과 한정적 용법 모두, 관계하는 명사와 성, 수, 격 일치
㉔ 명사의 성이 여성이고 주격인 경우, 여성 주격에 맞는 형용사 어미를
붙여야 함

❼ 한정적 용법에서 어순은 따로 없으나, '명사 + 형용사'가 더 흔한 어순임

❷ 형용사 어미 변화 – 단수

격	남성	여성	중성
주격	bonus	bona	bonum
속격	bonī	bonae	bonī
여격	bonō	bonae	bonō
대격	bonum	bonam	bonum
탈격	bonō	bonā	bonō
호격	bone	bona	bonum

❸ 형용사 어미 변화 – 여성 단수

격	1변화 명사	형용사 변화
주격	puella	bona
속격	puellae	bonae
여격	puellae	bonae
대격	puellam	bonam
탈격	puellā	bonā
호격	puella	bona

☆ 1변화 남성 명사는 남성 명사의 어미 변화 규칙에 따름.

---

bonus, -a, -um 좋은, 착한, 훌륭한

- 주격(nom.) puella est bona.
  그 소녀는 착하다.

- 속격 (gen.) Marcus est amīcus puellae bonae.
  마르쿠스는 그 착한 소녀의 친구다.

- 여격(dat.) puellae bonae epistulam mittō.
  나는 그 착한 소녀에게 편지를 보낸다.

- 대격(acc.) puellam bonam videō.
  나는 그 착한 소녀를 본다.

- 탈격(abl.) cum puellā bonā puer ambulat.
  그 소년은 그 착한 소녀와 걷는다.

- 호격(voc.) puella bona, amīcus venit!
  착한 소녀여, 친구가 온다!

④ 형용사 어미 변화 – 남성 단수

격	2변화 명사 유형 1	형용사 변화
주격	amīcus	bonus
속격	amīcī	bonī
여격	amīcō	bonō
대격	amīcum	bonum
탈격	amīcō	bonō
호격	amīce	bone

> bonus, -a, -um 좋은, 착한, 훌륭한

- 주격(nom.) amīcus est bonus.
  그 친구는 착하다.

- 속격(gen.) Claudia est fīlia amīcī bonī.
  클라우디아는 그 착한 친구의 딸이다.

- 여격(dat.) amīcō bonō epistulam mittō.
  나는 그 착한 친구에게 편지를 보낸다.

- 대격(acc.) amīcum bonum videō.
  나는 그 착한 친구를 본다.

- 탈격(abl.) cum amīcō bonō puella ambulat.
  그 소녀가 그 착한 친구와 걷는다.

- 호격(voc.) amīce bone, puella venit!
  착한 친구여, 소녀가 온다!

⑤ 형용사 어미 변화 – 1변화 남성 명사 단수

격	1변화 남성 명사	형용사 변화
주격	agricola	bonus
속격	agricolae	bonī
여격	agricolae	bonō
대격	agricolam	bonum
탈격	agricolā	bonō
호격	agricola	bone

☆ 1변화 남성 명사도 형용사의 남성 형태와 결합

---

bonus, -a, -um 좋은, 착한, 훌륭한

- 주격(nom.) agricola est bonus.
  그 농부는 착하다.

- 속격(gen.) Claudia est fīlia agricolae bonī.
  클라우디아는 그 착한 농부의 딸이다.

- 여격(dat.) agricolae bonō epistulam mittō.
  나는 그 착한 농부에게 편지를 보낸다.

- 대격(acc.) agricolam bonum videō.
  나는 그 착한 농부를 본다.

- 탈격(abl.) cum agricolā bonō puella ambulat.
  그 소녀가 그 착한 농부와 걷는다.

- 호격(voc.) agricola bone, puella venit!
  착한 농부여, 소녀가 온다!

❻ 형용사 어미 변화 – 중성 단수

격	2변화 명사 유형 4	형용사 변화
주격	dōnum	bonum
속격	dōnī	bonī
여격	dōnō	bonō
대격	dōnum	bonum
탈격	dōnō	bonō
호격	dōnum	bonum

bonus, -a, -um 좋은, 착한, 훌륭한

- 주격(nom.)　dōnum est bonum.
　그 선물은 좋다.

- 속격(gen.)　pretium dōnī bonī sciō.
　나는 그 좋은 선물의 가격을 안다.

- 여격(dat.)　dōnō bonō.
　그 좋은 선물에게.

- 대격(acc.)　dōnum bonum emimus.
　우리는 좋은 선물을 산다.

- 탈격(abl.)　dōnō bonō puerum dēlectat.
　그는 그 좋은 선물로 소년을 기쁘게 한다.

- 호격(voc.)　ō donum bonum!
　오, 좋은 선물이여!

- 클라우디아는 행복한 소녀다.

  Claudia est puella laeta.

- 마르쿠스는 행복한 소년이다.

  Marcus est puer laetus.

- 그 커다란 선물은 항상 훌륭하다.

  dōnum magnum semper bonum est.

☑️ laetus, -a, -um 행복한, 즐거운 ㅣ magnus, -a, -um 큰, 위대한

❼ 형용사 어미 변화 연습 - 단수

■ 밑줄 친 부분에 들어갈 어미를 쓰세요.

- 나는 그 착한 소년을 사랑한다.

  puer_____ bon_____ amō.
  　　　　남성 대격

- 그녀는 그 정직한 소녀에게 편지를 보낸다.

  puell_____ honest_____ epistulam mittit.
  　　　여성 여격

- 그 착한 소년의 (남)선생님은 책을 읽는다.

  magister puer_____ bon_____ librum legit.
  　　　　　　남성 속격

- 그 (남)선생님은 피곤하다.

  magister fess_____ est.
  　　　　　남성 주격

- 우리는 소년들에게 긴 이야기를 들려준다.

  puerīs fābul_____ long_____ narrāmus.
  　　　　여성 대격

- 그 (여)선생님은 그 착한 소년에게 커다란 선물을 보낸다.

  magistra puer_____ bon_____ dōn_____ magn_____ mittit.
  　　　　남성 여격　　　　　　　중성 대격

Lingua Latina

☑ honestus, -a, -um 정직한, 명예로운, 고결한 ∣ m. liber, -rī 책 ∣ legō, legere 읽다 ∣ fessus, -a, -um 피곤한 ∣ longus, -a, -um (길이가) 긴

❓ 오늘의 퀴즈

❶ 밑줄 친 부분에 알맞은 라틴어를 쓰세요.

1. Claudia est _____ puella.

   클라우디아는 훌륭한 소녀다.

2. puerum _____ amāmus.

   우리는 정직한 소년을 사랑한다.

3. magistrō epistulam _____ mittit.

   그는 (남)선생님에게 긴 편지를 보낸다.

4. hīc _____ _____ vidēmus.

   우리는 이곳에서 좋은 선물을 본다.

5. discipulī _____ _____ emunt.

   학생들이 좋은 책을 산다.

6. ō _____ _____, sedēmus hīc.

   오, 훌륭한 농부여, 우리가 이곳에 앉아 있습니다.

❷ 다음 문장을 라틴어로 쓰세요.

1. 우리는 좋은 선물을 산다.

_____

2. 소년들이 좋은 책을 읽는다.

_____

 오늘의 라틴어 챙겨 가기

odor
향기

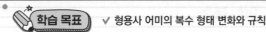

15 형용사 변화 복수

❶ 형용사 어미 변화 특징

❶ 여성 명사일 경우, 형용사 어미가 1변화 여성 명사와 동일한 형태로 변화

❷ 남성 명사일 경우 2변화 명사 유형 1과 동일한 형태로 변화 (1변화 남성 명사 포함)

❸ 중성 명사일 경우 2변화 명사 유형 4와 동일한 형태로 변화

❷ 형용사 어미 변화 - 복수

격	남성	여성	중성
주격	bonī	bonae	bona
속격	bonōrum	bonārum	bonōrum
여격	bonīs	bonīs	bonīs
대격	bonōs	bonās	bona
탈격	bonīs	bonīs	bonīs
호격	bonī	bonae	bona

❸ 형용사 어미 변화 - 여성 복수

격	1변화 명사	형용사 변화
주격	puellae	bonae
속격	puellārum	bonārum
여격	puellīs	bonīs
대격	puellās	bonās
탈격	puellīs	bonīs
호격	puellae	bonae

☆ 1변화 남성 명사는 남성 명사의 어미 변화 규칙에 따름.

> ## honestus, -a, -um 정직한, 명예로운, 고결한

- 주격(nom.)   puellae sunt honestae.
  그 소녀들은 정직하다.

- 속격(gen.)   amīcus puellārum honestārum est.
  그는 그 정직한 소녀들의 친구다.

- 여격(dat.)   puellīs honestīs epistulam mittō.
  나는 그 정직한 소녀들에게 편지를 보낸다.

- 대격(acc.)   puellās honestās videō.
  나는 그 정직한 소녀들을 본다.

- 탈격(abl.)   cum puellīs honestīs puer ambulat.
  그 소년은 그 정직한 소녀들과 걷는다.

- 호격(voc.)   puellae honestae, amīcus venit!
  정직한 소녀들이여, 친구가 온다!

❹ 형용사 어미 변화 – 남성 복수

격	2변화 명사 유형 1	형용사 변화
주격	amīcī	bonī
속격	amīcōrum	bonōrum
여격	amīcīs	bonīs
대격	amīcōs	bonōs
탈격	amīcīs	bonīs
호격	amīcī	bonī

---

honestus, –a, –um 정직한, 명예로운, 고결한

- 주격(nom.) amīcī sunt honestī.
  그 친구들은 정직하다.

- 속격(gen.) fīliae amīcōrum honestōrum sunt.
  그들은 그 정직한 친구들의 딸들이다.

- 여격(dat.) amīcīs honestīs epistulam mittō.
  나는 그 정직한 친구들에게 편지를 보낸다.

- 대격(acc.) amīcōs honestōs videō.
  나는 그 정직한 친구들을 본다.

- 탈격(abl.) cum amīcīs honestīs puella ambulat.
  그 소녀가 그 정직한 친구들과 걷는다.

- 호격(voc.) amīcī honestī, puella venit!
  정직한 친구들이여, 소녀가 온다!

⑤ 형용사 어미 변화 – 1변화 남성 명사 복수

격	1변화 남성 명사	형용사 변화
주격	agricolae	bonī
속격	agricolārum	bonōrum
여격	agricolīs	bonīs
대격	agricolās	bonōs
탈격	agricolīs	bonīs
호격	agricolae	bonī

☆ 1변화 남성 명사도 형용사의 남성 형태와 결합

---

honestus, –a, –um 정직한, 명예로운, 고결한

• 주격(nom.)   agricolae sunt honestī.
그 농부들은 정직하다.

• 속격(gen.)   fīliae agricolārum honestōrum sunt.
그들은 그 정직한 농부들의 딸들이다.

• 여격(dat.)   agricolīs honestīs epistulam mittō.
나는 그 정직한 농부들에게 편지를 보낸다.

• 대격(acc.)   agricolās honestōs videō.
나는 그 정직한 농부들을 본다.

• 탈격(abl.)   cum agricolīs honestīs puella ambulat.
그 소녀가 그 정직한 농부들과 걷는다.

• 호격(voc.)   agricolae honestī, puella venit!
정직한 농부들이여, 소녀가 온다!

6 형용사 어미 변화 - 중성 복수

격	2변화 명사 유형 4	형용사 변화
주격	dōna	bona
속격	dōnōrum	bonōrum
여격	dōnīs	bonīs
대격	dōna	bona
탈격	dōnīs	bonīs
호격	dōna	bona

---

magnus, -a, -um 큰, 위대한

- 주격(nom.) dōna sunt magna.
  그 선물들은 크다.

- 속격(gen.) pretium dōnōrum magnōrum.
  그 큰 선물들의 가격.

- 여격(dat.) dōnīs magnīs.
  그 큰 선물들에게.

- 대격(acc.) dōna magna emimus.
  우리는 큰 선물들을 산다.

- 탈격(abl.) dōnīs magnīs puerum dēlectat.
  그는 그 큰 선물들로(수단) 소년을 기쁘게 한다.

- 호격(voc.) dōna magna!
  큰 선물들이여!

☑ emō, emere (물건을) 사다 ǀ dēlectō, dēlectāre 기쁘게 하다

❼ 형용사 어미 변화 – 복수

격	남성	여성	중성
주격	bonī	bonae	bona
속격	bonōrum	bonārum	bonōrum
여격	bonīs	bonīs	bonīs
대격	bonōs	bonās	bona
탈격	bonīs	bonīs	bonīs
호격	bonī	bonae	bona

- dōna bona emō.

  나는 <u>좋은</u> <u>선물들을</u> 산다.
        대격

- puerī sunt laetī.

  소년들은 <u>행복하다</u>.
     남성 주격

- 클라우디아와 율리아는 <u>행복한</u> 소녀들이다.

  Claudia et Iūlia sunt <u>laetae</u> puellae.
        여성 주격

- 마르쿠스와 퀸투스는 <u>행복한</u> 소년들이다.

  Marcus et Quintus sunt puerī <u>laetī</u>.
        남성 주격

☑ laetus, –a, –um 행복한, 즐거운

⑧ 형용사 어미 변화 연습 – 복수

■ 밑줄 친 부분에 들어갈 어미를 쓰세요.

- 나는 그 착한 소년들을 사랑한다.
  puerōs bon_____ amō.
  <u>남성 대격</u>

- 그녀는 그 정직한 소녀들에게 편지를 보낸다.
  puellīs honest_____ epistulam mittit.
  <u>여성 여격</u>

- 그 착한 소년들의 (남)선생님은 책을 읽는다.
  magister bon_____ puerōrum librum legit.
  <u>남성 속격</u>

- 그 착한 소년들은 그 즐거운 소녀들을 사랑한다.
  puerī bon_____ puellās laet_____ amant.
  <u>남성 주격</u>   <u>여성 대격</u>

- 그 소녀들과 소년들은 행복하다.
  puellae et puerī laet_____ sunt.
  <u>남성 주격</u>

- 데키무스와 마르쿠스는 착한(훌륭한) 농부들이다.
  Decimus et Marcus agricolae bon_____ sunt.
  <u>남성 주격</u>

☆ 하나의 형용사가 남, 여 모두와 관계하면 주로 남성형을 사용

☑ m. liber, –rī 책 ǀ legō, legere 읽다

❶ 밑줄 친 부분에 알맞은 라틴어를 쓰세요.

1. sumus _____ puellae.

우리는 훌륭한 소녀들이다.

2. puerōs _____ amāmus.

우리는 정직한 소년들을 사랑한다.

3. magistrō epistulās _____ mittit.

그는 (남)선생님에게 긴 편지들을 보낸다.

4. hīc magistr_____ fess_____ vidēmus.

우리는 이곳에서 피곤한 (여)선생님들을 본다.

5. discipulī libr_____ bon_____ emunt.

학생들이 좋은 책들을 산다.

6. ō agricol_____ bon_____!

오, 훌륭한 농부들이여!

❷ 다음 문장을 라틴어로 쓰세요.

1. 우리는 커다란 선물들을 산다.

_____

2. 많은 소녀들이 좋은 책들을 읽는다.

_____

 오늘의 라틴어 챙겨 가기

memoria
기억, 추억

학습 목표
- ✔ 형용사 어미 변화 – 2가지 예외 유형
- ✔ puer 유형 변화의 단수 형태와 쓰임
- ✔ magister 유형 변화의 단수 형태와 쓰임

❶ 예외적인 형용사 어미 변화 특징

❶ 1, 2 변화 형용사 중 일부가 남성 단수 주격(nom.)에서 –er로 끝남

❷ 이러한 종류의 형용사는 2 변화 명사 유형 2(puer로 대표되는)와
유형 3(magister로 대표되는)의 방식으로 변하는 두 가지 유형으로 존재함

❸ 남성 단수 속격(gen.) 어미 –ī를 제외한 부분이 어간

❹ 어간에 + a로 여성형, + um으로 중성형 생성

❺ 남성 단수 호격(voc.)은 주격(nom.)과 동일

❻ 그 외 변화는 –us, –a, –um으로 변하는 형용사와 동일

❷ puer 유형 형용사 어미 변화 형태 – 단수

격	단수	남성	여성	중성
주격	puer	miser	misera	miserum
속격	puerī	miserī	miserae	miserī
여격	puerō	miserō	miserae	miserō
대격	puerum	miserum	miseram	miserum
탈격	puerō	miserō	miserā	miserō
호격	puer	miser	misera	miserum

miser, –era, –erum 불쌍한, 불행한, 비참한

• 주격 (nom.)

남성	puer miser est.	그 소년은 불쌍하다.
여성	puella misera est.	그 소녀는 불쌍하다.
중성	bellum miserum est.	그 전쟁은 비참하다.

• 속격 (gen.)

남성	liber puerī miserī est.	그것은 불쌍한 소년의 책이다.
여성	liber puellae miserae est.	그것은 불쌍한 소녀의 책이다.
중성	miserī	

• 여격 (dat.)

남성	puerō miserō dōna mittimus.	우리는 불쌍한 소년에게 선물들을 보낸다.
여성	puellae miserae dōna mittimus.	우리는 불쌍한 소녀에게 선물들을 보낸다.
중성	miserō	

• 대격 (acc.)

남성	puerum miserum amāmus.	우리는 불쌍한 소년을 사랑한다.
여성	puellam miseram amāmus.	우리는 불쌍한 소녀를 사랑한다.
중성	bellum miserum nōn amāmus.	우리는 비참한 전쟁을 좋아하지 않는다.

• 탈격 (abl.)

남성	cum puerō miserō ambulātis.	너희는 불쌍한 소년과 걸어간다.
여성	cum puellā miserā ambulātis.	너희는 불쌍한 소녀와 걸어간다.
중성	miserō	

• 호격 (voc.)

남성	puer miser, hīc sum!	불쌍한 소년이여, 내가 이곳에 있다!
여성	puella misera, hūc venit!	불쌍한 소녀여, 그가 이리로 온다!
중성	ō bellum miserum, miser sum!	오, 비참한 전쟁이여, 나는 불쌍하다!

---

asper, -era, -erum
(표면이) 거친, (일이) 고된, (성격이) 사나운, 불친절한

■ 밑줄 친 부분에 들어갈 라틴어를 쓰세요.

• (남)선생님이 사납다/불친절하다.

  magister asp_____ est.
  <u>남성 주격</u>

• 그들은 불친절한 (여)선생님에게 편지를 보내지 않는다.

  magistrae asp_____ epistulam nōn mittunt.
  <u>여성 여격</u>

---

līber, -era, -erum 자유로운, 자유인의

• 우리는 그 자유로운 여자의 (여)친구들이다.

  amīcae fēminae līb_____ sumus.
  <u>여성 속격</u>

• 너희들은 그 자유로운 농부와 걷는다.

  cum agricolā līb_____ ambulātis.
  <u>남성 탈격</u>

• 우리는 고된 전쟁을 본다.

  bellum _____ vidēmus.
  <u>중성 대격</u>

- 자유로운 학생이여, 너는 훌륭하다!

  discipule _____, bonus es!

  남성 호격

☑ n. bellum, -ī 전쟁

③ magister 유형 형용사 어미 변화 형태 – 단수

격	단수	남성	여성	중성
주격	magister	pulcher	pulchra	pulchrum
속격	magistrī	pulchrī	pulchrae	pulchrī
여격	magistrō	pulchrō	pulchrae	pulchrō
대격	magistrum	pulchrum	pulchram	pulchrum
탈격	magistrō	pulchrō	pulchrā	pulchrō
호격	magister	pulcher	pulchra	pulchrum

pulcher, -ra, -rum 아름다운, 잘생긴

- 주격 (nom.)

남성	puer pulcher est.	그 소년은 잘생겼다.
여성	puella pulchra est.	그 소녀는 아름답다.
중성	dōnum pulchrum est.	그 선물은 아름답다.

- 속격 (gen.)

남성	dōnum puerī pulchrī est.	그것은 잘생긴 소년의 선물이다.
여성	dōnum puellae pulchrae est.	그것은 아름다운 소녀의 선물이다.
중성	pulchrī	

• 여격 (dat.)

남성	puerō pulchrō dōna mittimus.	우리는 잘생긴 소년에게 선물들을 보낸다.
여성	puellae pulchrae dōna mittimus.	우리는 아름다운 소녀에게 선물들을 보낸다.
중성	pulchrō	

• 대격 (acc.)

남성	puerum pulchrum amāmus.	우리는 잘생긴 소년을 사랑한다.
여성	puellam pulchram amāmus.	우리는 아름다운 소녀를 사랑한다.
중성	dōnum pulchrum amāmus.	우리는 아름다운 선물을 사랑한다.

• 탈격 (abl.)

남성	cum puerō pulchrō ambulātis.	너희는 잘생긴 소년과 걸어간다.
여성	cum puellā pulchrā ambulātis.	너희는 아름다운 소녀와 걸어간다.
중성	pulchrō	

• 호격 (voc.)

남성	puer pulcher, bonus es!	잘생긴 소년이여, 너는 착하다!
여성	puella pulchra, bona es!	아름다운 소녀여, 너는 착하다!
중성	ō dōnum pulchrum!	오, 아름다운 선물이여!

---

aeger, -ra, -rum 아픈, 병이 난

- 그 학생이 아프다.

  discipulus aeg_____ est.

  남성 주격

- 우리는 이곳에서 아픈 여자를 본다.

  hīc fēminam aeg_____ vidēmus.

  여성 대격

---

piger, -ra, -rum 느린, 게으른, 굼뜬

- (남)선생님이 게으른 소년에게 선물을 보내지 않는다.

  magister puerō pig_____ dōnum nōn mittit.

  남성 여격

- 그 게으른 소녀와 너희들은 논다.

  cum puellā pig_____ lūditis.

  여성 탈격

- 게으른 농부여, 나는 부지런히 일한다.

  agricola _____, dīligenter labōrō.

  남성 호격

- 그 소녀는 그 아픈 여자의 딸이다.

  puella est fīlia fēminae _____.

  여성 속격

❹ puer / magister 유형 형용사 어미 변화 비교

격	남성		여성		중성	
주격	miser	pulcher	misera	pulchra	miserum	pulchrum
속격	miserī	pulchrī	miserae	pulchrae	miserī	pulchrī
여격	miserō	pulchrō	miserae	pulchrae	miserō	pulchrō
대격	miserum	pulchrum	miseram	pulchram	miserum	pulchrum
탈격	miserō	pulchrō	miserā	pulchrā	miserō	pulchrō
호격	miser	pulcher	misera	pulchra	miserum	pulchrum

❓ 오늘의 퀴즈

❶ 밑줄 친 부분에 알맞은 라틴어를 쓰세요.

1. Marcus est discipul_____ pig_____.

   마르쿠스는 게으른 학생이다.

2. fēmin_____ līber_____ vidēmus.

   우리들은 자유로운 여인을 본다.

3. puella aegr_____ ibi sedet.

   아픈 소녀가 저곳에 앉아 있다.

4. agricola est _____.

   그 농부는 자유롭다 / 자유인이다.

5. _____ _____ nōn amō.

   나는 그 게으른 (남)친구를 좋아하지 않는다.

6. ō _____ _____!

오, 비참한 전쟁이여!

❷ 다음 문장을 라틴어로 쓰세요.

1. 마르쿠스는 불쌍하다.

_____

2. 우리는 종종 이곳에서 아픈 농부를 본다.

_____

 오늘의 라틴어 챙겨 가기

somnium
꿈

학습 목표
✔ 형용사 변화 – 2가지 예외 유형
✔ puer 유형 변화의 복수 형태와 쓰임
✔ magister 유형 변화의 복수 형태와 쓰임

❶ puer 유형 형용사 어미 변화 형태 – 복수

형용사 1, 2변화 복수형과의 비교

격	복수	남성	여성	중성
주격	puerī	miserī	miserae	misera
속격	puerōrum	miserōrum	miserārum	miserōrum
여격	puerīs	miserīs	miserīs	miserīs
대격	puerōs	miserōs	miserās	misera
탈격	puerīs	miserīs	miserīs	miserīs
호격	puerī	miserī	miserae	misera

> ### miser, -era, -erum 불쌍한, 불행한, 비참한

- 주격 (nom.)

남성	puerī miserī sunt.	그 소년들은 불쌍하다.
여성	puellae miserae sunt.	그 소녀들은 불쌍하다.
중성	bella misera sunt.	그 전쟁들은 비참하다.

- 속격 (gen.)

남성	liber puerōrum miserōrum est.	그것은 불쌍한 소년들의 책이다.
여성	liber puellārum miserārum est.	그것은 불쌍한 소녀들의 책이다.
중성	miserōrum	

• 여격 (dat.)

남성	puerīs miserīs dōna mittimus.	우리는 불쌍한 소년들에게 선물들을 보낸다.
여성	puellīs miserīs dōna mittimus.	우리는 불쌍한 소녀들에게 선물들을 보낸다.
중성	miserīs	

• 대격 (acc.)

남성	puerōs miserōs amāmus.	우리는 불쌍한 소년들을 사랑한다.
여성	puellās miserās amāmus.	우리는 불쌍한 소녀들을 사랑한다.
중성	bella misera nōn amāmus.	우리는 비참한 전쟁들을 좋아하지 않는다.

• 탈격 (abl.)

남성	cum puerīs miserīs ambulātis.	너희는 불쌍한 소년들과 걸어간다.
여성	cum puellīs miserīs ambulātis.	너희는 불쌍한 소녀들과 걸어간다.
중성	miserīs	

• 호격 (voc.)

남성	puerī miserī, hīc sumus.	불쌍한 소년들이여, 우리가 이곳에 있다.
여성	puellae miserae, hūc veniunt.	불쌍한 소녀들이여, 그들이 이곳으로 온다.
중성	ō bella misera, miserī sumus!	오, 비참한 전쟁들이여, 우리는 불쌍하다!

asper, -era, -erum
(표면이) 거친, (일이) 고된, (성격이) 사나운, 불친절한

■ 밑줄 친 부분에 들어갈 라틴어를 쓰세요.

- (남)선생님들이 사납다 / 불친절하다.

  magistrī asper_____ sunt.

남성 주격

- 그들은 불친절한 선생님들에게 편지를 보낸다.

  magistrīs asper_____ epistulam mittunt.

남/여성 여격

līber, -era, -erum 자유로운, 자유인의

- 우리는 그 자유로운 여자들의 (여)친구들이다.

  amīcae fēminārum līber_____ sumus.

여성 속격

- 너희들은 그 자유로운 농부들과 걷는다.

  cum agricolīs līber_____ ambulātis.

남성 탈격

- 우리는 고된 전쟁들을 본다.

  bella _____ vidēmus.

중성 대격

- 자유로운 학생들이여, 너희들은 훌륭하다!

  discipulī _____, bonī estis!

남성 호격

❷ magister 유형 형용사 어미 변화 형태 – 복수

형용사 1, 2변화 복수형과의 비교

격	복수	남성	여성	중성
주격	magistrī	pulchrī	pulchrae	pulchra
속격	magistrōrum	pulchrōrum	pulchrārum	pulchrōrum
여격	magistrīs	pulchrīs	pulchrīs	pulchrīs
대격	magistrōs	pulchrōs	pulchrās	pulchra
탈격	magistrīs	pulchrīs	pulchrīs	pulchrīs
호격	magistrī	pulchrī	pulchrae	pulchra

• 주격 (nom.)

남성	puerī pulchrī sunt.	그 소년들은 잘생겼다.
여성	puellae pulchrae sunt.	그 소녀들은 아름답다.
중성	dōna pulchra sunt.	그 선물들은 아름답다.

• 속격 (gen.)

남성	dōna puerōrum pulchrōrum sunt.	그것들은 잘생긴 소년들의 선물이다.
여성	dōna puellārum pulchrārum sunt.	그것들은 아름다운 소녀들의 선물이다.
중성	pulchrōrum	

• 여격 (dat.)

남성	puerīs pulchrīs dōna mittimus.	우리는 잘생긴 소년들에게 선물들을 보낸다.
여성	puellīs pulchrīs dōna mittimus.	우리는 아름다운 소녀들에게 선물들을 보낸다.
중성	pulchrīs	

• 대격 (acc.)

남성	puerōs pulchrōs amāmus.	우리는 잘생긴 소년들을 사랑한다.
여성	puellās pulchrās amāmus.	우리는 아름다운 소녀들을 사랑한다.
중성	dōna pulchra amāmus.	우리는 아름다운 선물들을 사랑한다.

• 탈격 (abl.)

남성	cum puerīs pulchrīs ambulātis.	너희는 잘생긴 소년들과 걸어간다.
여성	cum puellīs pulchrīs ambulātis.	너희는 아름다운 소녀들과 걸어간다.
중성	pulchrīs	

• 호격 (voc.)

남성	puerī pulchrī, bonī estis!	잘생긴 소년들이여, 너희들은 착하다!
여성	puellae pulchrae, bonae estis!	아름다운 소녀들이여, 너희들은 착하다!
중성	ō dōna pulchra!	오, 아름다운 선물들이여!

---

aeger, -ra, -rum 아픈, 병이 난

• 그 학생들이 아프다.

discipulī aegr＿＿＿ sunt.
　　　　　　남성 주격

• 우리들은 이곳에서 아픈 여자들을 본다.

hīc fēminās aegr＿＿＿ vidēmus.
　　　　　　　　여성 대격

> ### piger, –ra, –rum 느린, 게으른, 굼뜬

- (남)선생님이 게으른 소년들에게 선물을 보내지 않는다.

  magister puerīs pigr_____ dōnum nōn mittit.

　　　　　　　남성 여격

- 그 게으른 소녀들과 너희는 논다.

  cum puellīs pigr_____ lūditis.

　　　　　여성 탈격

- 게으른 농부들이여, 우리는 부지런히 일한다.

  agricolae _____, dīligenter labōrāmus.

　　　　남성 호격

- 그 소녀들은 아픈 여자들의 딸들이다.

  puellae sunt fīliae fēminārum _____.

　　　　　　　　　　　여성 속격

❓ 오늘의 퀴즈

❶ 밑줄 친 부분에 알맞은 라틴어를 쓰세요.

1. agricolae sunt līber_____.

   그 농부들은 자유롭다 / 자유인이다.

2. amīc_____ pigr_____ nōn amō.

   나는 게으른 (남)친구들을 좋아하지 않는다.

3. ō bell_____ miser_____!

   오, 비참한 전쟁들이여!

4. Marcus et Quintus sunt _____ _____.

마르쿠스와 퀸투스는 게으른 학생들이다.

5. _____ _____ vidēmus.

우리들은 자유로운 여인들을 본다.

6. _____ _____ ibi sedent.

아픈 소녀들이 저곳에 앉아 있다.

❷ 다음 문장을 라틴어로 쓰세요.

1. 마르쿠스와 퀸투스는 불쌍하다.

_____

2. 우리는 종종 이곳에서 아픈 농부들을 본다.

_____

 오늘의 라틴어 챙겨 가기

vīnum
와인(술)

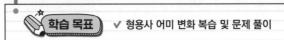

① 형용사 어미 변화 – 단수

격	남성	여성	중성
주격	bonus	bona	bonum
속격	bonī	bonae	bonī
여격	bonō	bonae	bonō
대격	bonum	bonam	bonum
탈격	bonō	bonā	bonō
호격	bone	bona	bonum

② 형용사 어미 변화 – 복수

격	남성	여성	중성
주격	bonī	bonae	bona
속격	bonōrum	bonārum	bonōrum
여격	bonīs	bonīs	bonīs
대격	bonōs	bonās	bona
탈격	bonīs	bonīs	bonīs
호격	bonī	bonae	bona

❸ 형용사 복습

❶ 빈칸에 알맞은 라틴어 단어(남성 단수 주격)를 쓰세요.

라틴어	뜻
	행복한, 즐거운
	큰, 위대한
	정직한, 명예로운
	피곤한
	긴
	좋은, 착한

❹ 형용사 어미 변화 복습

❶ 밑줄 친 부분에 알맞은 라틴어를 쓰세요.

1. 마르쿠스는 착한 소년이다.

   ➡ Marcus puer bon_____ est.

2. 클라우디아는 착하다.

   ➡ Claudia est bon_____.

3. 여기 좋은 선물이 있다.

   ➡ hīc est dōnum bon_____.

4. 그 좋은 (남)선생님의 학생들이 책들을 읽는다.

   ➡ discipul_____ magistr_____ bon_____ librōs legunt.

5. 그 여자는 그 정직한 소녀에게 편지를 보낸다.

➡ fēmina puell_____ honest_____ epistulam mittit.

6. 너희들은 훌륭한 (남)선생님들의 긴 이야기들을 듣는다.

➡ fābul_____ long_____ magistr_____

bon_____ audītis.

7. 즐거운 시인이여, 우리는 이곳에 머물러 있습니다.

➡ _____ _____, hīc manēmus.

8. 우리는 피곤한 농부들과 이곳에 앉아 있다.

➡ cum _____ _____ hīc sedēmus.

9. 그들은 이곳에서 좋은 선물들을 산다.

➡ hīc _____ _____ emunt.

10. 소년들과 소녀들이 착하다.

➡ _____.

11. 피곤한 (남)친구여, 너는 오랫동안 휴식을 취한다!

➡ _____!

12. 정직한 학생들이 피곤한 선생님을 위해 노래한다.

➡ _____.

⑤ 형용사 어미 변화 – puer 유형 단수

격	남성	여성	중성
주격	miser	misera	miserum
속격	miserī	miserae	miserī
여격	miserō	miserae	miserō
대격	miserum	miseram	miserum
탈격	miserō	miserā	miserō
호격	miser	misera	miserum

⑥ 형용사 어미 변화 – puer 유형 복수

격	남성	여성	중성
주격	miserī	miserae	misera
속격	miserōrum	miserārum	miserōrum
여격	miserīs	miserīs	miserīs
대격	miserōs	miserās	misera
탈격	miserīs	miserīs	miserīs
호격	miserī	miserae	misera

❼ 형용사 복습 – puer 유형

❶ 빈칸에 알맞은 라틴어 단어(남성 단수 주격)를 쓰세요.

라틴어	뜻
	거친, 고된, 불친절한
	자유로운, 자유인의
	불쌍한, 비참한

❽ 형용사 어미 변화 복습 – puer 유형

❶ 밑줄 친 부분에 알맞은 라틴어를 쓰세요.

1. 마르쿠스는 불쌍하다.

   ➡ Marcus est miser_____.

2. 클라우디아는 불쌍한 소녀다.

   ➡ Claudia puella miser_____ est.

3. 전쟁은 비참하다.

   ➡ bellum est miser_____.

4. 우리는 그 자유로운 농부의 (남)친구들이다.

   ➡ amīcī sumus agricol_____ līber_____.

5. 불쌍한 마르쿠스여, 너는 좋은 친구다!

➡ Marce _____, amīcus bonus es!

6. 우리는 고된 전쟁을 본다.

➡ _____ _____ vidēmus.

7. 그들은 불친절한 (남)선생님에게 편지를 보내지 않는다.

➡ _____ _____ epistulam

nōn mittunt.

8. 너희들은 그 자유로운 시인들에게 편지들을 보낸다.

➡ _____.

9. 그들은 그 불쌍한 농부와 몰래 도망간다.

➡ _____.

☑ clam 몰래

⑨ magister 유형 형용사 어미 변화 형태 – 단수

격	남성	여성	중성
주격	pulcher	pulchra	pulchrum
속격	pulchrī	pulchrae	pulchrī
여격	pulchrō	pulchrae	pulchrō
대격	pulchrum	pulchram	pulchrum
탈격	pulchrō	pulchrā	pulchrō
호격	pulcher	pulchra	pulchrum

⑩ magister 유형 형용사 어미 변화 형태 – 복수

격	남성	여성	중성
주격	pulchrī	pulchrae	pulchra
속격	pulchrōrum	pulchrārum	pulchrōrum
여격	pulchrīs	pulchrīs	pulchrīs
대격	pulchrōs	pulchrās	pulchra
탈격	pulchrīs	pulchrīs	pulchrīs
호격	pulchrī	pulchrae	pulchra

⑪ 형용사 복습 – magister 유형

❶ 빈칸에 알맞은 라틴어 단어(남성 단수 주격)를 쓰세요.

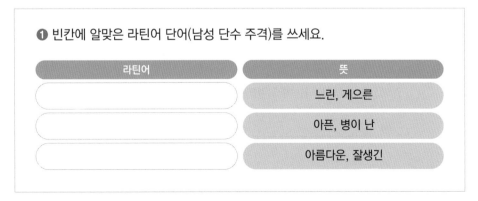

라틴어	뜻
	느린, 게으른
	아픈, 병이 난
	아름다운, 잘생긴

⑫ 형용사 어미 변화 복습 – magister 유형

> ❶ 밑줄 친 부분에 알맞은 말을 쓰세요.
>
> 1. 마르쿠스는 잘생긴 학생이다.
>
>   ➡ Marcus est discipulus pulcher_____.
>
> 2. 클라우디아는 아름답다.
>
>   ➡ Claudia est pulchr_____.
>
> 3. 여기 아름다운 선물이 있다.
>
>   ➡ hīc est dōnum pulchr_____.
>
> 4. 아픈 학생들이 저곳에 누워 있다.
>
>   ➡ discipul_____ aegr_____ ibi iacent.
>
> 5. 나는 게으른 (남)친구들을 좋아하지 않는다.
>
>   ➡ _____ _____ nōn amō.
>
> 6. 클라우디아는 그 아름다운 여자의 딸이다.
>
>   ➡ Claudia fīlia est _____ _____.
>
> 7. 게으른 농부여, 나는 부지런히 일한다!
>
>   ➡ _____ _____, dīligenter labōrō!

8. 그들은 아픈 여인들과 함께 휴식을 취한다.

➡ _____.

9. 그들은 그 잘생긴 소년들을 위해 선물들을 산다.

➡ _____.

☑ iaceō, iacēre 누워 있다 | labōrō, labōrāre 일하다

19 대격 전치사 ❶

 학습 목표
  ✔ 라틴어 전치사의 특징
  ✔ + 대격 전치사의 종류와 쓰임 1 – 장소

❶ 라틴어 전치사 특징

> ❶ 명사 혹은 대명사와 결합하여 장소, 시간, 방법 등의 의미를 표현
>
> ❷ 라틴어의 전치사는 + 대격 전치사, + 탈격 전치사, + 대격 / 탈격 전치사,
>   총 3 가지로 구분
>
> ❸ 명사 혹은 대명사 앞에 위치하여 전치사구를 형성
>
> ❹ + 대격 / 탈격 전치사는 대격 혹은 탈격과 결합하는데, 결합하는 격에 따라
>   의미가 달라짐

❷ + 대격 전치사 – 장소

대격을 취하며 장소의 의미를 가집니다.

전치사	뜻
ad	~을(를) 향하여, ~쪽으로
prope	~근처에, ~곁에
circum	주위에(로), ~을(를) 둘러싸고
apud	~곁에, ~가에, ~집에(서)
trāns	~을(를) 가로질러, ~건너 저편에(으로)

ad ~을(를) 향하여, ~쪽으로

- ad agrum festīnant.
  그들은 들판을 향해 서두른다.

- discipulī ad magistrum currunt.
  학생들이 선생님 쪽으로 달린다.

☑ m. ager, –rī 들판

prope ~근처에, ~곁에

- prope iānuam puerī lūdunt.
  문 근처에서 소년들이 논다.

- prope tabernam magister sedet.
  상점 곁에 선생님이 앉아 있다.

☑ f. iānua, –ae 문 ǀ f. taberna, –ae 상점, 가게, 주점

circum 주위에(로), ~을(를) 둘러싸고

- puerī circum mūrum currunt.
  소년들이 성벽 주위로 달린다.

- circum lacūnam multae puellae sunt.
  웅덩이 주위에 많은 소녀들이 있다.

☑ m. mūrus, –ī 벽, 성벽 ǀ f. lacūna, –ae 웅덩이, 구덩이

apud ~곁에, ~가에, ~집에(서)

- apud iānuam sedent.
  그들은 문가에 앉아 있다.

- apud Marcum habitō.
  나는 마르쿠스 집에 산다(거주한다).

☆ 전치사 apud 뒤에 사람(이름)이 나올 경우, 많은 경우 '~의 집'으로 해석

☑ habitō, habitāre 살다, 거주하다

trāns ~을(를) 가로질러, ~건너 저편에(으로)

- trāns agrum ambulās.
  너는 들판을 가로질러 걸어간다.

- trāns forum taberna parva est.
  광장 건너 저편에 작은 상점이 있다.

☑ n. forum, -ī 광장, 시장 | parvus, -a, -um 작은

❸ **+ 대격 전치사 - 활용**

❶ 밑줄 친 부분에 알맞은 라틴어 또는 우리말 해석을 쓰세요.

1. trāns forum festīnō.

   ➡ 나는 _____ 서둘러 간다.

2. Marcus apud Quintum lūdit.

   ➡ 마르쿠스는 _____ 논다.

3. ad tabernam currimus.

   ➡ 우리는 _____ 달린다.

4. 문 근처에서 소녀들이 책들을 읽는다.

   ➡ _____ iānuam puellae librōs legunt.

5. 학생들이 성벽 주위에 있다.

   ➡ discipulī _____ mūr_____ sunt.

6. 그들은 광장을 향해 걸어간다.

   ➡ _____ for_____ ambulant.

❶ 괄호 안에 알맞은 라틴어를 쓰세요.

1. (   ) forum currit.

   그는 광장을 향해 달린다.

2. (   ) mūrum ambulant.

   그들이 성벽 주위로 걷는다.

3. (   ) tabernam puerī sunt.

   상점 주변에 소년들이 있다.

4. (   ) Marcum habitō.

   나는 마르쿠스 집에 산다(거주한다).

5. (   ) forum ambulāmus.

   우리는 광장을 가로질러 걷는다.

6. (   ) agrum festīnant.

   그들은 들판으로 서두른다.

❷ 다음 문장을 라틴어로 쓰세요.

1. 나는 상점을 향해 달린다.

_____

2. 문 주변에 많은 학생들이 있다.

_____

 오늘의 라틴어 챙겨 가기

pāpiliō
나비

❶ + 대격 전치사 – 장소와 시간

대격을 취하며 문맥에 따라 장소 또는 시간의 의미를 가집니다.

전치사	뜻
ante	장소: ~앞쪽에(으로), ~전방에(으로)
	시간: ~이전에
post	장소: ~뒤쪽에(으로), ~후방에(으로)
	시간: ~이후에, ~한 후에
inter	장소: ~(둘) 사이에, ~(여럿) 가운데
	시간: ~(일/사건이) 진행되는 동안, ~중에

> ### ante ~앞쪽에(으로), ~전방에(으로), ~이전에

- ante fēminās puellae stant.
  그 여자들 앞쪽에 소녀들이 서 있다.

- ante bellum quiētē vīvimus.
  전쟁 이전에 우리는 평온하게 산다.

☑ stō, stāre 서 있다 I quiētē 평온하게, 조용히 I vīvō, vīvere 살다, 생활하다

> ## post ~뒤쪽에(으로), ~후방에(으로), ~이후에, ~한 후에

- post mūrum parva taberna est.
  그 성벽 뒤쪽에 작은 가게가 있다.

- post cēnam semper librum legit.
  저녁 식사 후에 그는 항상 책을 읽는다.

☑ f. cēna, -ae 저녁 식사

> ## inter ~(둘) 사이에, ~(여럿) 가운데

- inter puerum et puellam fēmina stat.
  소년과 소녀 사이에 그 여자가 서 있다.

- inter puellās puer est.
  소녀들 가운데 그 소년이 있다.

☑ stō, stāre 서 있다

> ## inter ~(일, 사건이) 진행되는 동안, ~중에

- inter bellum multa perīcula vidēmus.
  전쟁 중에 우리는 많은 위험들을 본다.

- inter cēnam fessus sum.
  저녁 식사 도중에 나는 피곤하다.

☑ n. perīculum, -ī 위험

❷ + 대격 전치사 – 활용

❶ 밑줄 친 부분에 알맞은 라틴어 또는 우리말 해석을 쓰세요.

1. 그 여자는 식사 중에 노래를 한다.

➡ fēmina _____ cēn_____ cantat.

2. 상점 앞쪽에 작은 소년이 있다.

➡ _____ tabern_____ parvus puer est.

3. 저녁 식사 후에 너는 논다.

➡ _____ _____ lūdis.

4. 전쟁 이후에 우리는 평온하게 산다.

➡ _____ _____ quiētē vīvimus.

5. inter tabernās parva casa est.

➡ _____.

6. post iānuam puerī stant.

➡ _____.

☑ f. casa, -ae 작은 집, 오두막

❶ 괄호 안에 알맞은 라틴어 전치사를 쓰세요.

1. (   ) cēnam semper librum legit.

   그는 저녁 식사 후에 항상 책을 읽는다.

2. (   ) puellās puer est.

   소녀들 사이에 그 소년이 있다.

3. (   ) casam puellae lūdunt.

   집 앞에서 소녀들이 논다.

4. (   ) bellum semper miserī sumus.

   전쟁 중에 우리는 항상 불행하다.

5. (   ) puerōs puellae festīnant.

   소녀들이 소년들 뒤에서 서두른다.

6. (   ) cēnam puerī diū lūdunt.

   저녁 식사 이전에 소년들이 오랫동안 논다.

❷ 다음 문장을 라틴어로 쓰세요.

1. 문 뒤에 소녀들이 있다.

_____

2. 나는 (남)선생님들 사이에 서 있다.

_____

 오늘의 라틴어 챙겨 가기

terra

땅, 대지

❶ + 대격 전치사 – 그 외

대격을 취하며 3가지 이상 또는 추상적 의미를 가집니다.

전치사	뜻
per	장소: ~을(를) 통하여, ~을(를) 거쳐서
	시간: ~(시간) 내내
	수단, 매개체: ~을(를) 통하여
praeter	장소: ~을(를) 지나, ~을(를) 따라
	추상: ~을(를) 제외하고
contrā	~에 대항하여, ~에 맞서
propter / ob	~때문에

> ### per ~을(를) 통하여, ~을(를) 거쳐서

- puellae per viam ambulant.
  소녀들이 그 길을 통해 걸어간다.

- puerī per casās currunt.
  소년들이 집들을 통해(사이로) 달린다.

☑ f. via, -ae 길, 도로 I f. casa, -ae (작은) 집, 오두막

per ~(시간) 내내, ~을(를) 통하여

- per autumnum dīligenter labōrant.
  가을 내내 그들은 열심히 일한다.

- tandem per epistulam scīmus.
  마침내 그 편지를 통해 우리는 안다.

☑ m. autumnus, -ī 가을 | tandem 마침내, 결국 | sciō, scīre 알다

praeter ~을(를) 지나, ~을(를) 따라, ~을(를) 제외하고

- praeter mūrum ambulāmus.
  우리는 성벽을 따라 걷는다.

- amīcī praeter Marcum hodiē veniunt.
  마르쿠스를 제외한 친구들이 오늘 온다.

contrā ~에 대항하여, ~에 맞서

- contrā malōs agricolās pugnant.
  그들은 나쁜 농부들에 대항하여 싸운다.

- contrā ventum currunt.
  그들은 바람에 맞서 달린다.

☑ malus, -a, -um 나쁜, 사악한 | pugnō, pugnāre 싸우다 | m. ventus, -ī 바람

> ### propter / ob ~때문에

- propter bellum nōn venit.
  그는 전쟁 때문에 오지 않는다.

- ob bellum hīc nōn habitō.
  전쟁 때문에 나는 이곳에 거주하지 않는다.

❷ + 대격 전치사 – 활용

❶ 밑줄 친 부분에 알맞은 라틴어 또는 우리말 해석을 쓰세요.

1. 그들은 바람을 뚫고 이리로 온다.

➡ _____ ventum hūc veniunt.

2. 광장을 통해 많은 상점들이 있다.

➡ _____ forum multae tabernae sunt.

3. 클라우디아를 제외한 소녀들은 일한다.

➡ puellae _____ Claudiam labōrant.

4. 우리는 그 책을 통해 안다.

➡ _____ librum scīmus.

5. (남)선생님은 소년들 때문에 서두르지 않는다.

➡ magister _____ puer___ nōn festīnat.

6. 그 여자는 나쁜 농부들에 대항하여 싸운다.

➡ fēmina _____ mal___ agricolās pugnat.

? 오늘의 퀴즈

➊ 괄호 안에 알맞은 라틴어 전치사를 쓰세요.

1. (   ) viās ambulāmus.

우리는 그 길들을 통해 걷는다.

2. (   ) bellum nōn venit.

전쟁 때문에 그는 오지 않는다.

3. (   ) ventum currunt.

바람에 맞서 그들은 달린다.

4. (   ) librum scīmus.

그 책을 통하여 우리는 안다.

5. (   ) mūrum ambulāmus.

우리는 성벽을 따라 걷는다.

6. (   ) bellum hīc nōn habitō.

전쟁으로 인해 나는 이곳에 거주하지 않는다.

❷ 다음 문장을 라틴어로 쓰세요.

1. 우리는 집들 사이로 달린다.

_____

2. 마르쿠스를 제외한 학생들이 온다.

_____

 오늘의 라틴어 챙겨 가기

grātia
감사, 은혜

22 탈격 전치사

❶ + 탈격 전치사의 종류와 의미

전치사	뜻
ā / ab	장소: ~을(를) 출발하여, ~(으)로부터
	출처: ~(으)로부터
	시간: ~때부터, ~이후로
ē / ex	장소: ~(안에서) 밖으로 / 출발하여
	출처/근거: ~사실로부터, ~사실을 통하여

☆ 전치사 다음에 나오는 단어의 첫 철자가 자음이면 ā / ē, 모음이면 ab / ex

ā / ab ~을(를) 출발하여, ~(으)로부터 [장소]

- ab Ītaliā ad Graeciam nāvigant.
  그들은 이탈리아를 출발하여 그리스로 항해한다.

- ā scholā trāns forum festīnat.
  그는 학교를 출발해 광장을 가로질러 서두른다.

☑ f. Ītalia, -ae 이탈리아 ∣ f. Graecia, -ae 그리스 ∣ nāvigō, nāvigāre 항해하다
f. schola, -ae 학교

ā / ab ~(으)로부터 [출처] / ~때부터, ~이후로 [시간]

- puer ā puellā dōnum accipit.
  그 소년은 소녀로부터 선물을 받는다.

- ā bellō anxiē vīvimus.
  전쟁 이후로 우리는 불안하게 산다.

☑ accipiō, accipere 받다, 얻다 ㅣ anxiē 불안하게

ē / ex ~(안에서) 밖으로, 출발하여

- ē casā ad agrum ambulō.
  나는 집을 나와 들판으로 걸어간다.

- ex agrō per forum currō.
  나는 들판을 나와 광장을 가로질러 달린다.

ē / ex ~(으)로부터, ~을(를) 통하여 [출처]

- ex epistulā scīmus.
  우리는 그 편지를 통하여 안다.

- ē librīs discunt.
  그들은 그 책들로부터 배운다.

❷ + 탈격 전치사 - 활용

❶ 밑줄 친 부분에 알맞은 라틴어를 쓰세요.

1. 나는 (남)선생님으로부터 편지를 받는다.

   ➡ _____ magistrō epistulam accipiō.

2. 우리는 들판으로부터 광장을 향해 서두른다.

   ➡ _____ agrō ad forum festīnāmus.

3. 소년은 학교를 나와 들판으로 걸어간다.

   ➡ puer _____ scholā ad agrum ambulat.

4. 소녀는 그 책을 통하여 안다.

   ➡ puella _____ librō scit.

❸ + 탈격 전치사의 종류와 의미

전치사	뜻
dē	장소: ~(위에서) 아래로
	주제: ~에 관하여
prō	장소: ~전면에(으로), ~앞쪽에(으로)
	추상: ~을(를) 위하여, ~에 대한 보답으로, ~대신에
cum	~와(과) 함께, (+ 추상 명사) ~하게
sine	~없이

dē ~(위에서) 아래로, ~에 관하여 [주제]

- dē mūrō librum iacit.
  그는 성벽 아래로 책을 던진다.

- dē amīcitiā librum scrībō.
  나는 우정에 관한 책을 쓴다.

☑ iaciō, iacere 던지다 ǀ f. amīcitia, -ae 우정 ǀ scrībō, scrībere 쓰다

prō ~전면에(으로), ~앞쪽에(으로) / ~을(를) 위하여

- prō patriā pugnant.
  그들은 조국을 위해 싸운다.

- prō portīs olīva stat.
  대문 앞쪽에 올리브 나무가 서 있다.

☑ f. patria, -ae 조국 ǀ pugnō, pugnāre 싸우다 ǀ f. porta, -ae 성문, 대문, 현관
f. olīva, -ae 올리브 나무, 올리브 열매 ǀ stō, stāre 서 있다

prō ~에 대한 보답으로, ~대신에

- prō beneficiīs Marcō dōnum emō.
  나는 호의들에 대한 보답으로 마르쿠스를 위해 선물을 산다.

- prō Marcō Quintus venit.
  마르쿠스 대신에 퀸투스가 온다.

☑ n. beneficium, -ī 호의, 친절함

cum ~와(과) 함께, ~하게

- cum amīcīs dīligenter discimus.
  우리는 친구들과 함께 열심히 배운다.

- cum gaudiō cantant.
  즐거움과 함께(즐겁게) 그들은 노래한다.

☑ n. gaudium, -ī 즐거움, 기쁨

sine ~없이

- sine amīcīs bene nōn vīvimus.
  우리는 친구들 없이 잘 살지 못한다.

- sine magistrō discipulī librōs legunt.
  학생들이 선생님 없이 책을 읽는다.

4 **+탈격 전치사 – 활용**

❶ 밑줄 친 부분에 알맞은 라틴어를 쓰세요.

1. 그녀는 우정을 위해 싸운다.

➡ _____ amīcitiā pugnat.

2. 소년은 (남)선생님과 함께 책을 읽는다.

➡ puer _____ magistrō librum legit.

3. 우리는 돈 없이 산다.

➡ _____ pecūniā vīvimus.

4. 문 앞쪽에 소년들과 소녀들이 걸어간다.

➡ _____ iānuā puellae et puerī ambulant.

5. 그는 선물에 대한 보답으로 노래한다.

➡ _____ dōnō cantat.

6. 우리는 그 전쟁에 대한 이야기를 들려준다.

➡ fābulam _____ bellō narrāmus.

☑ f. pecūnia, –ae 돈

❶ 괄호 안에 알맞은 라틴어 전치사를 쓰세요.

1. (　　　　　　) agr__ per forum currō.

   나는 들판을 나와 광장을 가로질러 달린다.

2. (　　　　　　) mūr__ librum iacit.

   그는 성벽 아래로 책을 던진다.

3. (　　　　　　) port__ olīva stat.

   대문 앞쪽에 올리브 나무가 서 있다.

4. (　　　　　　) magistr__ epistulam accipiō.

   나는 (남)선생님으로부터 편지를 받는다.

5. (　　　　　　) gaudi__ cantant.

   그들은 즐겁게 노래한다.

6. (　　　　　　) amīc__ bene nōn vīvimus.

   우리는 친구들 없이 잘 살지 못한다.

❷ 다음 문장을 라틴어로 쓰세요.

1. 소녀들이 즐거움과 함께(즐겁게) 논다.

_____

2. 우리는 학교를 나와 달린다.

_____

 오늘의 라틴어 챙겨 가기

clēmentia
자비

23 대 / 탈격 전치사

❶ + 대격 / 탈격 전치사의 특징

> ❶ 대격과 탈격을 모두 취하는 전치사에는 in과 sub 두 가지가 있음
> ❷ 장소의 의미로 쓸 때 + 대격은 이동 / 방향, + 탈격은 상태(정지)의 의미를 가짐

❷ + 대격 / 탈격 전치사

전치사		+ 대격	+ 탈격
in	장소	~(밖에서) 안으로, ~위쪽으로	~안에(서), ~위에(서)
	시간	~의 때에 이르기까지	~의 때에, ~의 일을 할 때
sub	장소	~아래쪽으로, ~밑으로	~아래쪽에, ~밑에
	시간	~즈음에, ~경에	~의 조건 / 상황하에, ~치하에서

❸ + 대격 / 탈격 전치사 – 장소 / 시간 + 대격일 때

> in ~(밖에서) 안으로, ~위쪽으로

- fēminae in hortum festīnant.
  여자들이 정원 안으로 서두른다.

- liber in mēnsam cadit.
  책이 책상 위로 떨어진다.

☑ m. hortus, -ī 정원 | f. mēnsa, -ae 책상, 식탁 | cadō, cadere 떨어지다

in ~의 때에 이르기까지

- in prīmam hōram ambulāmus.
  한 시에 이르기까지 우리는 걷는다.

- in annum nāvigant.
  그 해에 이르기까지 그들은 항해한다.

☑ prīmus, -a, -um 첫째의, 최초의 ㅣ f. hōra, -ae (60분의) 시간, 시(단위) ㅣ m. annus, -ī 해, 년

sub ~아래쪽으로, ~밑으로

- mūsculus sub lectum currit.
  생쥐가 침대 밑으로 달려간다.

- mūsculus sub mēnsam fugit.
  생쥐가 식탁 밑으로 도망간다.

☑ m. mūsculus, -ī 생쥐, 작은 쥐 ㅣ m. lectus, -ī 침대, 침상

sub ~즈음에, ~경에

- sub prīmam hōram amīcum vīsitō.
  한 시경에 나는 친구를 방문한다.

- sub annum amīcus venit.
  그 해가 될 때 즈음에 친구가 온다.

☑ vīsitō, vīsitāre 방문하다

❹ + 대격 / 탈격 전치사 – 장소 / 시간 + 탈격일 때

> ### in ~안에(서), ~위에(서)

- amīcī in hortō sedent.
  친구들이 정원 안에 앉아 있다.

- cibus in mēnsā est.
  음식이 탁자 위에 있다.

☑ m. cibus, -ī 음식(물)

> ### in ~의 때에, ~의 일을 할 때

- in bellō inimīcī sunt.
  전쟁 때 그들은 적대적이다.

- in convīviō multī convīvae veniunt.
  잔치 때 많은 손님들이 온다.

☑ inimīcus, -a, -um 적대적인 | n. convīvium,-ī 잔치, 연회 | m. convīva, -ae (잔치) 손님

> ### sub ~아래쪽에, ~밑에

- nummus sub lectō est.
  동전이 침대 밑에 있다.

- mūsculus sub mēnsā est.
  생쥐가 탁자 아래쪽에 있다.

☑ m. nummus, -ī 동전

> ## sub ~의 조건 / 상황하에, ~치하에서

- sub rēgnō Augustī vīvimus.
  우리는 아우구스투스 황제 통치 하에서 산다.

- sub dominō labōrant.
  그들은 그 주인 아래에서 일한다.

☑️ n. rēgnum, -ī 통치, 다스림 | m. Augustus, -ī 아우구스투스 황제
  m. dominus, -ī (가정의) 주인

❺ + 대격 / 탈격 전치사 활용

❶ 밑줄 친 부분에 알맞은 라틴어 또는 우리말 해석을 쓰세요.

1. magistrī in scholā discipulōs docent.

   ➡ 선생님들이 _____ 학생들을 가르친다.

2. puerī sub mēnsam fugiunt.

   ➡ 소년들이 _____ 도망친다.

3. 전쟁 때 우리는 불쌍하다.

   ➡ _____ bellō miserī sumus.

4. 그 주인 아래에서 그들은 행복하다.

   ➡ _____ dominō laetī sunt.

❶ 괄호 안에 알맞은 라틴어 전치사를 쓰세요.

1. (   ) bell_____ inimīcī sunt.

   전쟁 때 그들은 적대적이다.

2. (   ) prīm_____ hōram amīcum vīsitō.

   한 시경에 나는 친구를 방문한다.

3. (   ) domin_____ labōrant.

   그들은 그 주인하에서 일한다.

4. amīcī (   ) hort_____ sedent.

   친구들이 정원에 앉아 있다.

5. mūsculus (   ) lect_____ currit.

   생쥐가 침대 밑으로 달려간다.

6. liber (   ) mēns_____ cadit.

   책이 책상 위로 떨어진다.

❷ 다음 문장을 라틴어로 쓰세요.

1. 그 책이 책상 밑에 있다.

_____

2. 우리는 학교에 앉아 있다.

_____

 오늘의 라틴어 챙겨 가기

fīcus
무화과

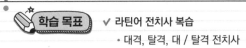

24 전치사 복습

학습 목표 ✓ 라틴어 전치사 복습
• 대격, 탈격, 대 / 탈격 전치사

❶ + 대격 전치사 – 장소

대격을 취하며 장소의 의미를 가집니다.

전치사	뜻
ad	~을(를) 향하여, ~쪽으로
prope	~근처에, ~곁에
circum	주위에(로), ~을(를) 둘러싸고
apud	~곁에, ~가에, ~집에(서)
trāns	~을(를) 가로질러, ~건너 저편에(으로)

❶ 밑줄 친 부분에 알맞은 라틴어를 쓰세요.

1. 그들은 들판을 향해 서두른다.

➡ _____ agr_____ festīnant.

2. 문 근처에서 소년들이 논다.

➡ _____ iānu_____ puerī lūdunt.

3. 소년들이 성벽 주위로 달린다.

➡ puerī _____ mūr_____ currunt.

4. 그들은 문가에 앉아 있다.

➡ _____ iānu_____ sedent.

5. 나는 마르쿠스 집에 산다(거주한다).

➡ _____ Marc_____ habitō.

6. 너는 들판을 가로질러 걸어간다.

➡ _____ agr_____ ambulās.

❷ + 대격 전치사 – 시간과 장소

대격을 취하며 문맥에 따라 시간 또는 장소의 의미를 가집니다.

전치사	뜻
ante	장소: ~앞쪽에(으로), ~전방에(으로)
	시간: ~이전에
post	장소: ~뒤쪽에(으로), ~후방에(으로)
	시간: ~이후에, ~한 후에
inter	장소: ~(둘) 사이에, ~(여럿) 가운데
	시간: ~(일/사건이) 진행되는 동안, ~중에

❶ 밑줄 친 부분에 알맞은 라틴어를 쓰세요.

1. 그 여자들 앞쪽에 소녀들이 서있다.

   ➡ _____ fēmin_____ puellae stant.

2. 그 성벽 뒤쪽에 작은 가게가 있다.

   ➡ _____ mūr_____ parva taberna est.

3. 전쟁 중에 우리는 많은 위험들을 본다.

   ➡ _____ bell_____ multa perīcula vidēmus.

4. 전쟁 이전에 우리는 평온하게 산다.

   ➡ _____ bell_____ quiētē vīvimus.

5. 소년과 소녀 사이에 그 여자가 서 있다.

   ➡ _____ puer_____ et puell_____ fēmina stat.

6. 저녁 식사 후에 그는 항상 책을 읽는다.

   ➡ _____ cēn_____ semper librum legit.

❸ + 대격 전치사 – 그 외

대격을 취하며 3가지 이상 또는 추상적 의미를 가집니다.

전치사	뜻
per	장소: ~을(를) 통하여, ~을(를) 거쳐서
	시간: ~(시간) 내내
	수단, 매개체: ~을(를) 통하여
praeter	장소: ~을(를) 지나, ~을(를) 따라
	추상: ~을(를) 제외하고
contrā	~에 대항하여, ~에 맞서
propter / ob	~때문에

❶ 밑줄 친 부분에 알맞은 라틴어를 쓰세요.

1. 우리는 성벽을 따라 걷는다.

➡ ＿＿＿＿＿＿ mūr＿＿＿ ambulāmus.

2. 소녀들이 그 길을 통해 걸어간다.

➡ puellae ＿＿＿＿＿ vi＿＿＿＿ ambulant.

3. 전쟁 때문에 나는 이곳에 거주하지 않는다.

➡ ＿＿＿ bell＿＿＿ hīc nōn habitō.

4. 가을 내내 그들은 열심히 일한다.

➡ ＿＿＿＿ autumn＿＿＿ dīligenter labōrant.

5. 그들은 바람에 맞서 달린다.

➡ _____ vent_____ currunt.

6. 마침내 우리는 그 편지를 통해 안다.

➡ tandem _____ epistul____ scīmus.

7. 마르쿠스를 제외한 친구들이 오늘 온다.

➡ amīcī _____ Marc____ hodiē veniunt.

8. 그는 전쟁 때문에 오지 않는다.

➡ _____ bell____ nōn venit.

☑ m. autumnus, -ī 가을 | hodiē 오늘

④ + 탈격 전치사

전치사	뜻
ā / ab	장소: ~을(를) 출발하여, ~(으)로부터
	출처: ~(으)로부터
	시간: ~때부터, ~이후로
ē / ex	장소: ~(안에서) 밖으로 / 출발하여
	출처 / 근거: ~사실로부터, ~사실을 통하여

☆ 전치사 다음에 나오는 단어의 첫 철자가 자음이면 ā / ē, 모음이면 ab / ex

❶ 밑줄 친 부분에 알맞은 라틴어를 쓰세요.

1. 그 소년은 그 소녀로부터 선물을 받는다.

➡ puer _____ puell_____ dōnum accipit.

2. 나는 집을 나와 들판으로 걸어간다.

➡ _____ cas_____ ad agrum ambulō.

3. 그들은 이탈리아를 출발하여 그리스로 항해한다.

➡ _____ Ītali_____ ad Graeciam nāvigant.

4. 나는 들판을 출발해 광장을 가로질러 달린다.

➡ _____ agr_____ per forum currō.

5. 그들은 그 책들로부터 배운다.

➡ _____ libr____ discunt.

6. 전쟁 이후로 우리는 불안하게 산다.

➡ _____ bell_____ anxiē vīvimus.

☑ accipiō, accipere 받다, 수령하다 ǀ anxiē 불안하게

❺ + 탈격 전치사

전치사	뜻
dē	장소: ~(위에서) 아래로
	주제: ~에 관하여
prō	장소: ~전면에(으로), ~앞쪽에(으로)
	추상: ~을(를) 위하여, ~에 대한 보답으로, ~대신에
cum	~와(과) 함께, (+ 추상 명사) ~하게
sine	~없이

❶ 밑줄 친 부분에 알맞은 라틴어를 쓰세요.

1. 나는 우정에 관한 책을 쓴다.

➡ _____ amīciti_____ librum scrībō.

2. 우리는 친구들과 함께 열심히 배운다.

➡ _____ amīc_____ dīligenter discimus.

3. 그들은 조국을 위해 용감히 싸운다.

➡ _____ patri_____ fortiter pugnant.

4. 대문 앞쪽에 올리브 나무가 서 있다.

➡ _____ port_____ olīva stat.

5. 우리는 친구들 없이 잘 살지 못한다.

➡ _____ amīc_____ bene nōn vīvimus.

6. 마르쿠스 대신에 퀸투스가 온다.

➡ _____ Marc_____ Quintus venit

7. 즐거움과 함께(= 즐겁게) 그들은 노래한다.

➡ _____ gaudi_____ cantant.

8. 나는 호의들에 대한 보답으로 마르쿠스를 위해 선물을 산다.

➡ _____ benefici___ Marcō dōnum emō.

❻ + 대격 / 탈격 전치사

전치사		+ 대격	+ 탈격
in	장소	~(밖에서) 안으로, ~위쪽으로	~안에(서), ~위에(서)
	시간	~의 때에 이르기까지	~의 때에, ~의 일을 할 때
sub	장소	~아래쪽으로, ~밑으로	~아래쪽에, ~밑에
	시간	~즈음에, ~경에	~의 조건 / 상황하에, ~치하에서

① 빈칸에 알맞은 라틴어를 쓰세요.

1. 책이 책상 위로 떨어진다.

➡ liber _____ mēns_____ cadit.

2. 친구들이 정원 안에 앉아 있다.

➡ amīcī _____ hort_____ sedent.

3. 생쥐가 침대 밑에 있다.

➡ mūsculus _____ lect_____ est.

4. 한 시경에 나는 친구를 방문한다.

➡ _____ prīmam hōr_____ amīcum vīsitō.

5. 한 시에 이르기까지 우리는 걷는다.

➡ _____ prīmam hōr_____ ambulāmus.

6. 전쟁 때 그들은 적대적이다.

➡ _____ bell_____ inimīci sunt.

25 동사의 부정형

학습 목표
✔ 라틴어 동사의 부정형 특징과 쓰임
  (부정사, 원형, infīnītīvus, inf.)
✔ A.c.I: 부정형과 함께하는 대격
  (accūsātīvus cum infīnītīvō)

❶ 동사의 부정형(inf.)의 특징

❶ 부정형이란 인칭 변화를 하지 않은 동사의 형태
❷ 부정형을 필요로 하는 동사와 결합하여, 부정형 동사를 주어 또는 목적어로
  사용 (명사화된 동사는 항상 중성)
❸ 타 서양어와 달리 라틴어에는 '조동사'와 같은 개념이 없음
❹ 시제(현재, 완료, 미래)와 태(능동, 수동)에 따라 6가지 형태 존재

❷ 동사의 부정형(inf.)의 형태

현재 능동 부정형

변화	어간 끝과 어미	부정형(inf.)
1변화 동사	-āre	amāre
2변화 동사	-ēre	monēre
3변화 동사	-ere	mittere
4변화 동사	-īre	audīre
3-io 변화 동사	-ere	capere
불규칙 동사	없음	esse

❸ 동사의 부정형(inf.)의 활용

- puellam amāre cupiō.
  나는 그 소녀를 사랑하기를 원한다.
  ➡ 1변화 동사

- puerōs monēre dēbēmus.
  우리는 그 소년들을(에게) 조언해야 한다.
  ➡ 2변화 동사

- epistulam magistrō mittere cōnstituitis.
  너희들은 선생님에게 편지를 보내기로 결정한다.
  ➡ 3변화 동사

- dīligenter fābulam audīre dēbent.
  그들은 그 이야기를 열심히 들어야 한다.
  ➡ 4변화 동사

- oppidum capere cōnstituunt.
  그들은 그 마을을 취하기로(점령하기로) 결정한다.
  ➡ 3-io변화 동사

- bonī discipulī esse dēbētis.
  너희들은 훌륭한 학생이 되어야 한다.
  ➡ 불규칙 동사

☑ dēbeō, dēbēre ~해야 하다 | cōnstituō, cōnstituere 결정하다, 마음먹다
n. oppidum, -ī 마을

❶ 밑줄 친 부분에 알맞은 라틴어 단어를 쓰세요.

1. 우리는 일하기를 원치 않는다.

➡ _____ nōn cupimus.

2. 우리는 일해야 한다.

➡ _____ dēbēmus.

3. 지친 농부들이 쉬기를 원한다.

➡ fessī agricolae _____ cupiunt.

4. 책들을 읽는 것은 좋은 일이다.

➡ bonum est librōs _____.

5. 아픈 여인들이 이곳에 앉아 있기로 마음먹는다.

➡ aegrae fēminae hīc _____ cōnstituunt.

6. 실수한다는 것은 인간적이다.

➡ hūmānum est _____.

☑ labōrō, labōrāre 일하다 | cupiō, cupere 원하다 | quiēscō, quiēscere 쉬다
   aeger, –ra, –rum 아픈, 병든 | hūmānus, –a, –um 인간적인
   errō, errāre 실수하다, 방황하다

☆ 부정형이 명사로 사용되면 중성 명사 취급

4 A. c. I.이란?

> ✔ A.c.I.(accūsātīvus cum infīnītīvō): 부정형과 함께하는 대격
> ✔ 부정형의 주체가 문장의 주어와 다를 때 사용

5 A. c. I.의 문장 구조

나는 원한다: cupiō (본동사)

+ 착한 소년이다: bonus puer est. (부정형 esse)

= bonus puer esse **cupiō**. 나는 착한 소년이길 원한다.

☆ cupiō와 esse의 주체는 모두 '나'

선생님은 원한다: magister cupit (본동사)

+ 그 소년은 착하다: puer est bonus. (부정형 esse)

= magister puerum esse bonum **cupit**. 선생님은 그 소년이 착하기를 원한다.

☆ cupiō의 주체 magister / esse의 주체 puerum

6 A. c. I. 활용의 예

- puellae magistram **bene** docēre cupiunt.
  소녀들이 그 선생님이 잘 가르치기를 바란다.

- magistrae puellās **dīligenter** discere cupiunt.
  선생님들은 그 소녀들이 **열심히** 배우기를 원한다.

- **puerōs** festīnāre iubeō.
  나는 소년들에게 서두를 것을 명령한다.

- dominus servōs et servās labōrāre iubet.
  주인이 남종들과 여종들에게 일하라고 명령한다.

> ☑ doceō, docēre 가르치다 | discō, discere 배우다 | iubeō, iubēre 명령하다, 지시하다
> m. dominus, -ī (가정의) 주인 | m. servus, -ī 종, 노예 | f. serva, -ae (여)종, 노예

❼ A. c. I. 활용

❶ 다음 라틴어 문장을 한국어로 해석하세요.

1. magistrum esse bonum putō.

   ➡ _____

2. Marcum amāre Claudiam putant.

   ➡ _____

3. puerum amāre puellam sciō.

   ➡ _____

4. puellam amāre puerum sciō.

   ➡ _____

☑️ putō, putāre ~(이)라고 생각하다, ~(이)라는 의견을 갖다
   sciō, scīre 알다, ~(이)라는 사실을 알다

❶ 괄호 안에 알맞은 라틴어를 쓰세요.

1. hīc (　　　　　　) cupiō.

   나는 이곳에서 쉬기를 원한다.

2. (　　　　　) cōnstituit.

   그는 도망치기로 마음먹는다.

3. dīligenter (　　　　　　) dēbēmus.

   우리는 부지런히 일해야 한다.

4. magister puerōs (　　　　　　) (　　　　　　) iubet.

   선생님이 소년들에게 책들을 읽을 것을 지시한다.

5. semper (　　　　　　) (　　　　　　) cupimus.

   우리는 항상 아름답길 원한다.

6. (　　　　　　) celeriter (　　　　　　) putāmus.

   우리는 마르쿠스가 빠르게 달린다고 생각한다.

❷ 다음 문장을 라틴어로 쓰세요.

1. 우리는 항상 열심히 배워야 한다.

_____

2. 나는 종들에게 서두를 것을 지시한다.

_____

 오늘의 라틴어 챙겨 가기

cāritās

소중함, 사랑

LESSON 26 possum 동사

① 불규칙 동사 possum의 특징

❶ '~(할) 수 있다'라는 의미를 가진 동사
❷ sum 동사 변화와 어미 변화 동일
❸ 보통 부정형과 함께 쓰임

② 불규칙 동사 sum의 형태 복습

인칭		sum, esse ~있다, ~(이)다
단수	1인칭	sum
	2인칭	es
	3인칭	est
복수	1인칭	sumus
	2인칭	estis
	3인칭	sunt

❸ 불규칙 동사 possum의 형태

인칭		possum, posse ~(할) 수 있다
단수	1인칭	possum
	2인칭	potes
	3인칭	potest
복수	1인칭	possumus
	2인칭	potestis
	3인칭	possunt

❹ 불규칙 동사 sum과 possum의 형태 비교

인칭		esse	posse
단수	1인칭	sum	possum
	2인칭	es	potes
	3인칭	est	potest
복수	1인칭	sumus	possumus
	2인칭	estis	potestis
	3인칭	sunt	possunt

⑤ 불규칙 동사 possum 활용

- Quintus celeriter currere potest.
  퀸투스는 빠르게 달릴 수 있다.

- tandem intellegere possum.
  마침내 나는 이해할 수 있다.

- hīc quiēscere potestis.
  너희들은 이곳에서 쉴 수 있다.

- illūc fugere nōn possunt.
  그들은 그리로 도망갈 수 없다.

- tandem agricola in lectō iacēre potest.
  마침내 그 농부는 침대 위에 누울 수 있다.

- in bellō laetī esse nōn possumus.
  전쟁 때 우리는 행복할 수 없다.

☑ celeriter 빠르게 ㅣ tandem 마침내, 결국 ㅣ intellegō, intellegere 이해하다
illūc 그리로, 그곳으로 ㅣ fugiō, fugere 도망가다 ㅣ m. lectus, -ī 침대
laetus, -a, -um 행복한

---

❶ 밑줄 친 부분에 알맞은 라틴어를 쓰세요.

1. 학생들이 그 책들을 읽을 수 있다.

   ➡ discipulī librōs _____ _____.

2. 너희들은 이곳으로 올 수 있다.

   ➡ hūc _____ _____.

? 오늘의 퀴즈

❶ 괄호 안에 알맞은 라틴어를 쓰세요.

1. puerī celeriter currere (   ).

   소년들이 빠르게 달릴 수 있다.

2. agricola quiēscere (   ).

   그 농부는 쉴 수가 없다.

3. tandem fugere (   ).

   마침내 우리는 도망칠 수 있다.

4. librum legere (   ).

   나는 그 책을 읽을 수 없다.

5. bene intellegere (   ).

   너희들은 잘 이해할 수 있다.

6. bonī discipulī (   ).

   너희들은 훌륭한 학생이다.

❷ 다음 문장을 라틴어로 쓰세요.

1. 나는 빠르게 달리지 못한다.

_____

2. 우리는 이곳에서 쉴 수 있다.

_____

3. 너희들은 훌륭한 학생들이 될 수 있다.

_____

 오늘의 라틴어 챙겨 가기

ūva

포도

✔ 불규칙 동사 volō와 nōlō의 인칭 변화
✔ 동사를 활용해 문장 만들어 보기

❶ volō 동사의 특징

❶ 부정형(inf.) 형태는 velle
❷ 주로 동사의 부정형(inf.)과 결합하여 사용
❸ '~하기를 원하다', '~할 의도를 갖다'의 의미
❹ 대격과 부정형을 이용한 구문에도 사용
❺ 명령법이 존재하지 않음

❷ 불규칙 동사 volō의 형태 변화

수	인칭	velle ~하기를 원하다, ~할 의도를 갖다
단수	egō (나)	volō
	tū (너)	vīs
	is, ea, id (그/그녀/그것)	vult
복수	nōs (우리)	volumus
	vōs (너희)	vultis
	eī, eae, ea (그들/그것들)	volunt

❸ 불규칙 동사 - volō

동사 부정형		velle		(동사 부정형) 하기를 원하다.
festīnāre		volō		나는 서둘러 가기를 원한다.
quiēscere		vīs		너는 휴식을 취하려 한다.
cantāre	+	vult	=	그(녀)는 노래 부르기를 원한다.
sedēre		volumus		우리는 앉기를 원한다.
dormīre		vultis		너희는 자기를 원한다.
currere		volunt		그들은 달리기를 원한다.

- Marcus cum amīcīs hūc venīre vult.
  마르쿠스는 친구들과 함께 이리로 오려고 한다.

- ad tabernam festīnāre volumus.
  우리는 상점을 향해 서두르려고 한다.

대격 + 부정형 + velle

- Marcum librum legere volō.
  나는 마르쿠스가 그 책을 읽기를 원한다.

- puerōs et puellās dīligenter discere volumus.
  우리는 그 소년들과 소녀들이 부지런히 배우기를 원한다.

4 불규칙 동사 활용 – volō

❶ 밑줄 친 부분에 알맞은 라틴어를 쓰세요.

1. 소녀들이 선생님들에게 편지들을 보내기를 원한다.

➡ puellae magistrīs epistulās ＿＿＿＿＿ ＿＿＿＿＿.

2. 나는 그 불쌍한 소년을 위해 선물을 사려고 한다.

➡ puerō miserō dōnum ＿＿＿＿＿ ＿＿＿＿＿.

3. 클라우디아는 퀸투스의 좋은 친구가 되기를 원한다.

➡ Claudia amīca bona Quintī ＿＿＿＿＿ ＿＿＿＿＿.

5 nōlō 동사의 특징

❶ 부정형(inf.) 형태는 nōlle

❷ 주로 동사의 부정형(inf.)과 결합하여 사용

❸ '~하기를 원하지 않다', '~할 의도가 없다'의 의미

❹ 대격과 부정형을 이용한 구문에도 사용

❺ 부정형과 결합하여 부정 명령법을 형성 (2인칭 단·복수)

❻ 2인칭 단·복수, 3인칭 단수는 volō에 nōn을 결합

⑥ 불규칙 동사 nōlō의 형태 변화

수	인칭	nōlle ~하기를 원하지 않다, ~할 의도가 없다
단수	egō (나)	nōlō
	tū (너)	nōn vīs
	is, ea, id (그/그녀/그것)	nōn vult
복수	nōs (우리)	nōlumus
	vōs (너희)	nōn vultis
	eī, eae, ea (그들/그것들)	nōlunt

⑦ 불규칙 동사 - nōlō

동사 부정형	nōlle	(부정형) 하기를 원하지 않다.
festīnāre	nōlō	나는 서둘러 가기를 원치 않는다.
quiēscere	nōn vīs	너는 쉬고 싶지 않다.
cantāre	nōn vult	그(녀)는 노래 부르고 싶지 않다.
sedēre	nōlumus	우리는 앉는 것을 원치 않는다.
dormīre	nōn vultis	너희는 자고 싶지 않다.
currere	nōlunt	그들은 달리고 싶지 않다.

(단, festīnāre 등 부정형 + nōlle 등 = 뜻)

대격 + 부정형 + nōlle

- magistrī puellās esse **malās** nōlunt.
  선생님들은 그 소녀들이 **나쁘게** 되는 것을 원치 않는다.

- Marcus Quintum **hūc** venīre nōn vult.
  마르쿠스는 퀸투스가 **이리로** 오는 것을 원치 않는다.

☑ malus, -a, -um 나쁜

⑧ 불규칙 동사 활용 – nōlō

❶ 밑줄 친 부분에 알맞은 라틴어를 쓰세요.

1. 우리는 집에서 오랫동안 머물러 있기를 원치 않는다.

   ➡ domī diū _____ _____.

2. 그 소녀는 그 소년과 함께 뛰기를 원치 않는다.

   ➡ puella cum puerō _____ _____.

3. 농부들이 일하려 하지 않는다.

   ➡ agricolae _____ _____.

4. 나는 나쁜 소년이 되고 싶지 않다.

   ➡ puer malus _____ _____.

5. 너희는 학교를 향해 서둘러 가기를 원치 않는다.

   ➡ ad scholam _____ _____.

6. 너는 그 책들을 읽고 싶지 않다.

   ➡ librōs _____ _____.

☑ domī 집에(서)

? 오늘의 퀴즈

❶ 다음 문장을 라틴어로 쓰세요.

1. 나는 그 소녀가 오기를 원치 않는다.

     _____

2. 그들은 오랫동안 자기를 원한다.

     _____

3. 농부들이 일하기를 원하지 않는다.

     _____

 오늘의 라틴어 챙겨 가기

vērītās
진리, 사실

28 명령법

① 라틴어 명령법의 특징

❶ 명령, 요구, 충고 등을 할 때 사용하는 화법
❷ 명령을 듣는 사람의 수에 따라, 2인칭 단수 명령법과 2인칭 복수 명령법으로 나뉨
❸ 호격(voc.)과 함께 나오기도 함
❹ 문장의 첫 단어로 자주 등장
❺ 동사의 종류에 따라 명령법이 다르게 형성됨

② 명령법 동사의 형태

변화	부정형	2인칭 단수	2인칭 복수
1변화 동사	amāre	amā	amāte
2변화 동사	monēre	monē	monēte
3변화 동사	mittere	mitte	mittite
4변화 동사	audīre	audī	audīte
3-io 변화 동사	capere	cape	capite
불규칙 동사	esse	es / estō	este

☆ 2인칭 단수 명령형은 동사의 부정형에서 어미 re 생략

❸ 명령법 – 1변화 동사

> ### amāre 사랑하다 (부정형)

- 2인칭 단수 명령

amā!	(너) 사랑하라!

- 2인칭 복수 명령

amāte!	(너희들) 사랑하라!

- 호격과 함께 나오는 명령

Marce, amā!	마르쿠스, 사랑하라!
amā sapientiam!	(너) 지혜를 사랑하라!
magistrōs amāte!	(너희) 선생님들을 사랑하라!

☑ f. sapientia, -ae 지혜

❹ 명령법 – 2변화 동사

> ### monēre 충고하다, 경고하다 (부정형)

- 2인칭 단수 명령

monē!	(너) 충고해!

- 2인칭 복수 명령

monēte!	(너희들) 충고해!

- 호격과 함께 나오는 명령

Marce, monē!	마르쿠스, 충고해!
puerōs monē!	(너) 소년들을(에게) 충고하라!
magistrī, monēte semper discipulōs!	선생님들, 학생들을(에게) 항상 충고하세요!

⑤ 명령법 – 3변화 동사

> ## mittere 보내다 (부정형)

- 2인칭 단수 명령

mitte!	(너) 보내!

- 2인칭 복수 명령

mittite!	(너희들) 보내라!

- 호격과 함께 나오는 명령

Marce, mitte!	마르쿠스, 보내라!
amīcō epistulam mitte!	(너) 친구에게 편지를 보내라!
puerī, puellīs dōna mittite!	소년들이여, 소녀들에게 선물들을 보내라!

⑥ 명령법 – 4변화 동사

> ## audīre 듣다 (부정형)

- 2인칭 단수 명령

audī!	(너) 들어라!

- 2인칭 복수 명령

audīte!	(너희들) 들어!

- 호격과 함께 나오는 명령

Marce, audī!	마르쿠스, 들어라!
amīce, sonum audī!	친구야, 그 소리를 들어 봐!
fābulam audīte!	(너희들) 그 이야기를 들어!

☑ m. sonus, -ī 소리

⑦ 명령법 3-io변화 동사

> ## capere 집다, 취하다, 점령하다 (부정형)

• 2인칭 단수 명령

cape!	(너) 집어라!

• 2인칭 복수 명령

capite!	(너희들) 점령해라!

• 호격과 함께 나오는 명령

Marce, cape!	마르쿠스, 취해라!
Quinte, librum cape!	퀸투스, 그 책을 집어!
oppidum capite!	(너희들) 그 마을을 취하라(점령하라)!

   ☑ n. oppidum, -ī 마을

⑧ 명령법 - 불규칙 동사

> ## esse ~(이)다 (부정형)

• 2인칭 단수 명령

honestus es / estō!	(너) 정직해라!

• 2인칭 복수 명령

honestī este!	(너희들) 정직해라!

• 호격과 함께 나오는 명령

Marce, honestus es / estō!	마르쿠스, 정직해라!
puer laetus es!	(너) 행복한 소년이 되어라!
este puellae laetae!	(너희들) 행복한 소녀들이 되어라!

⑨ 명령법 + 호격

호격과 함께 쓰이는 경우

- 2인칭 단수

| Marce, statim hūc venī! | 마르쿠스, 즉시 이리로 와! |

- 2인칭 복수

| puerī et puellae, hīc lūdite! | 소년과 소녀들아, 이곳에서 놀아라! |

☑ statim 즉시, 바로 | lūdō, lūdere 놀다

⑩ 명령법 – 예외

3변화 / 3-io변화 동사 2인칭 단수형에서 'e'가 탈락하는 경우

- dūcō, dūcere: 이끌다, 데리고 가다

| dūce → dūc! | (너) 이끌어라! |

- dīcō, dīcere: 말하다

| dīce → dīc! | (너) 말해! |

- faciō, facere: 만들다, 하다(행하다)

| face → fac! | (너) 행하라! |

⑪ 부정 명령법 - nōlle

무언가를 하지 못하게 금지하는 것 (nōlle 동사 활용)

- nōlle 동사는 주로 문장 맨 앞에 위치

  > nōlle의 명령형 + ~ + 동사 부정형

- 2인칭 단수: nōlī + 부정형(inf.)

nōlī festīnāre!	(너) 서두르지 마!

- 2인칭 복수: nōlīte + 부정형(inf.)

nōlīte festīnāre!	(너희들) 서두르지 마!

⑫ 부정 명령법 활용

❶ 밑줄 친 부분에 알맞은 라틴어를 쓰세요.

1. 돈을 사랑하지 마라!

   ➡ _____ pecūniam _____!

2. 소년들아, 이곳에서 소리 지르지 마라!

   ➡ puerī, _____ hīc _____!

3. 마르쿠스, 너무 많이 말하지 마라!

   ➡ Marce, _____ nimis _____!

4. 이리로 오지 마라!

   ➡ _____ hūc _____!

5. 학생들이여, 술(포도주)을 마시지 마라!

➡ discipulī, _____ vīnum _____!

6. (너희들) 이곳에 오랫동안 누워 있지 마라!

➡ _____ hīc diū _____!

7. (너) 기도하고 일하라!

➡ _____ et _____!

8. (너희들) 두려워 마라!

➡ _____ _____!

☑ f. pecūnia, -ae 돈 ㅣ clāmō, clāmāre 소리 지르다, 외치다 ㅣ nimis 너무 많이, 과도하게
n. vīnum, -ī 포도주, 술 ㅣ bibō, bibere 마시다 ㅣ ōrō, ōrāre 기도하다, 간청하다
timeō, timēre 두려워하다

? 오늘의 퀴즈

❶ 괄호 안에 알맞은 라틴어를 쓰세요.

1. discipulī, (   ) dīligenter!

학생들이여, 열심히 배우시오!

2. (   ) hīc (   )!

너희들, 이곳에서 뛰지 마라!

3. (   ) piger (   )!

   너, 게으르게 굴지 마!

4. (   ) amīcō librum!

   그 책을 친구에게 보내라!

5. (   ) semper honestī!

   너희들 항상 정직해져라!

6. (   ) hodiē (   )!

   너희들 오늘 일하지 마라!

❷ 다음 문장을 라틴어로 쓰세요.

1. 너, 이리로 와라!

_____

2. 너희들, 아프지 마라!

_____

 오늘의 라틴어 챙겨 가기

cor
마음, 심장

29 동사 복습

학습 목표
✓ 동사의 부정형
✓ A.c.I: 부정형과 함께하는 대격
✓ 불규칙 동사 possum
✓ 불규칙 동사 volō, nōlō
✓ 명령법

❶ 동사의 부정형(inf.) 형태

현재 능동 부정형

변화	어간 끝과 어미	부정형(inf.)
1변화 동사	-āre	amāre
2변화 동사	-ēre	monēre
3변화 동사	-ere	mittere
4변화 동사	-īre	audīre
3-io 변화 동사	-ere	capere
불규칙 동사	없음	esse

❶ 밑줄 친 부분에 알맞은 라틴어 단어를 쓰세요.

1. 나는 그 소녀를 사랑하기를 원한다.

➡ puellam _____ cupiō.

2. 우리는 그 소년들을(에게) 조언해야 한다.

➡ puerōs _____ dēbēmus.

3. 너희들은 선생님에게 편지를 보내기로 결정한다.

➡ epistualm magistrō _____ cōnstituitis.

4. 그들은 그 이야기를 열심히 들어야 한다.

➡ dīligenter fābulam _____ dēbent.

5. 그들은 그 마을을 취하기로(점령하기로) 결정한다.

➡ oppidum _____ cōnstituunt.

6. 너희들은 훌륭한 학생이 되어야 한다.

➡ bonī discipulī _____ dēbētis.

7. 소녀들은 그 (여)선생님이 잘 가르치기를 바란다.

➡ puellae _____ bene _____ cupiunt.

8. 나는 그 학생이 훌륭하다고 생각한다.

➡ _____ bonum ____ putō.

❷ 불규칙 동사 possum의 특징

❶ '~(할) 수 있다'라는 의미를 가진 동사
❷ sum 동사 변화와 어미 변화 동일
❸ 보통 부정형과 함께 쓰임

❸ 불규칙 동사 possum의 형태

인칭		possum, posse ~(할) 수 있다
단수	1인칭	possum
	2인칭	potes
	3인칭	potest
복수	1인칭	possumus
	2인칭	potestis
	3인칭	possunt

❶ 밑줄 친 부분에 알맞은 라틴어 단어를 쓰세요.

1. 나는 빠르게 달릴 수 있다.

   ➡ celeriter currere _____.

2. 마침내 너는 이해할 수 있다.

   ➡ tandem intellegere _____.

3. 그는 이곳에서 쉴 수 있다.

   ➡ hīc quiēscere _____.

4. 우리는 그리로 도망갈 수 없다.

   ➡ illūc fugere nōn _____.

5. 너희는 전쟁 때 행복할 수 없다.

⇒ in bellō laetī esse nōn _____.

6. 학생들이 그 책들을 읽을 수 있다.

⇒ discipulī librōs legere _____.

❹ 불규칙 동사 volō 의 형태 변화

수	인칭	velle ~하기를 원하다, ~할 의도를 갖다
단수	egō (나)	volō
	tū (너)	vīs
	is, ea, id (그/그녀/그것)	vult
복수	nōs (우리)	volumus
	vōs (너희)	vultis
	eī, eae, ea (그들/그것들)	volunt

❶ 빈칸에 알맞은 라틴어 단어를 쓰세요.

1. 나는 선생님에게 편지 보내기를 원한다.

➡ magistrō epistulam mittere _____ .

2. 너는 그 불쌍한 소년을 위해 선물을 사려고 한다.

➡ puerō miserō dōnum emere _____ .

3. 퀸투스는 클라우디아의 좋은 친구가 되기를 원한다.

➡ Quintus amīcus bonus Claudiae esse _____ .

4. 우리는 상점을 향해 서두르려고 한다.

➡ ad tabernam festīnāre _____ .

5. 너희는 부지런히 배우기를 원한다.

➡ dīligenter discere _____ .

6. 농부들이 오랫동안 휴식을 취하려 한다.

➡ agricolae diū quiēscere _____ .

7. 나는 마르쿠스가 그 책을 읽기를 원한다.

➡ _____ librum _____ _____ .

8. 클라우디아는 퀸투스가 이리로 오기를 원한다.

➡ Claudia _____ hūc _____ _____ .

⑤ 불규칙 동사 nōlō 의 형태 변화

수	인칭	nōlle ~하기를 원하지 않다, ~할 의도가 없다
단수	egō (나)	nōlō
	tū (너)	nōn vīs
	is, ea, id (그/그녀/그것)	nōn vult
복수	nōs (우리)	nōlumus
	vōs (너희)	nōn vultis
	eī, eae, ea (그들/그것들)	nōlunt

❶ 밑줄 친 부분에 알맞은 라틴어 단어를 쓰세요.

1. 나는 집에 머물러 있기를 원치 않는다.

➡ domī manēre _____.

2. 너는 그 소년과 함께 달리기를 원치 않는다.

➡ cum puerō currere _____.

3. 마르쿠스는 일하려 하지 않는다.

➡ Marcus labōrāre _____.

4. 우리는 그 학생들과 함께 놀고 싶지 않다.

➡ cum discipulīs lūdere _____.

5. 너희는 나쁜 소년들이 되고 싶지 않다.

➡ puerī malī esse _____.

6. 그들은 그 이야기를 들으려 하지 않는다.

➡ fābulam audīre _____.

7. 선생님들은 그 소녀들이 나쁘게 되는 것을 원치 않는다.

➡ magistrī _____ _____ malās _____.

8. 마르쿠스는 퀸투스가 이리로 오는 것을 원치 않는다.

➡ Marcus _____ hūc _____

_____.

❻ 명령법 동사의 형태

변화	부정형	2인칭 단수	2인칭 복수
1변화 동사	amāre	amā	amāte
2변화 동사	monēre	monē	monēte
3변화 동사	mittere	mitte	mittite
4변화 동사	audīre	audī	audīte
3-io 변화 동사	capere	cape	capite
불규칙 동사	esse	es / estō	este

⑦ 명령법 – 예외

3변화 / 3-io변화 동사 2인칭 단수형에서 'e'가 탈락하는 경우

- dūcō, dūcere: 이끌다, 데리고 가다

dūce → dūc!	(너) 이끌어라!

- dīcō, dīcere: 말하다

dīce → dīc!	(너) 말해!

- faciō, facere: 만들다, 하다(행하다)

face → fac!	(너) 행하라!

⑧ 부정 명령법 – nōlle

무언가를 하지 못하도록 금지하는 것 (nōlle 동사 활용)

- nōlle 동사는 주로 문장 맨 앞에 위치

> nōlle의 명령형 + ~ + 동사 부정형

- 2인칭 단수: nōlī + 부정형(inf.)

nōlī festīnāre!	(너) 서두르지 마!

- 2인칭 복수: nōlīte + 부정형(inf.)

nōlīte festīnāre!	(너희들) 서두르지 마!

❶ 밑줄 친 부분에 알맞은 라틴어 단어를 쓰세요.

1. 마르쿠스야, 열심히 배워라!

   ➡ Marce, _____ dīligenter!

2. (너) 착한 소년이 돼라!

   ➡ _____ puer bonus!

3. 학생들이여, 그 이야기를 들으시오!

   ➡ discipulī, _____ fābulam!

4. (너희들) 이곳에서 항상 조용히 해라!

   ➡ _____ hīc semper!

5. (너) 나쁜 소년이 되지 마라!

   ➡ _____ puer malus _____!

6. (너희들) 두려워 마라!

   ➡ _____ _____!

학습 목표
✔ 3변화 명사의 특징
✔ 3변화 명사의 단수 형태와 쓰임

❶ 3변화 명사의 특징

❶ 단수 속격(gen.)이 -is로 끝나는 모든 명사
❷ 단수 속격의 -is를 제외한 부분이 어간이며, 주격의 형태로는 어간을 알 수 없음
❸ 호격(voc.)은 항상 주격과 동일한 어미
❹ 남성과 여성은 동일한 어미 변화를 하고 중성은 다르게 변화하기 때문에 반드시 명사의 성 확인 필요

❷ 3변화 명사 - 남성 단수

격	단수
주격	rēx
속격	rēgis
여격	rēgī
대격	rēgem
탈격	rēge
호격	rēx

☑ m. rēx, rēgis 임금, 왕

❸ 3변화 명사 – 여성 단수

격	단수
주격	māter
속격	mātris
여격	mātrī
대격	mātrem
탈격	mātre
호격	māter

☑ f. māter, mātris 어머니

❹ 3변화 명사 – 남 / 여성 단수 형태 비교

격	남성	여성
주격	rēx	māter
속격	rēgis	mātris
여격	rēgī	mātrī
대격	rēgem	mātrem
탈격	rēge	mātre
호격	rēx	māter

❺ 3변화 명사 – 남/여성 단수

> m. rēx, rēgis 임금, 왕
> f. māter, mātris 어머니

- 주격 (nom.) rēx bene regit.
  왕이 훌륭히 통치한다.
  māter fīliōs amat.
  어머니가 아들들을 사랑한다.

- 속격 (gen.) Marcus fīlius rēgis est.
  마르쿠스는 왕의 아들이다.
  dōnum mātris bonum est.
  어머니의 선물은 훌륭하다.

- 여격 (dat.) magistrī rēgī librum ostendunt.
  선생님들이 왕에게 그 책을 보여 준다.
  fīlia mātrī cibum emit.
  딸이 어머니를 위해 음식을 산다.

- 대격 (acc.) agricolae rēgem dīligunt.
  농부들이 그 왕을 좋아한다.
  in forō mātrem Marcī videō.
  나는 광장(시장)에서 마르쿠스의 어머니를 본다.

- 탈격 (abl.) ā rēge dōna accipiunt.
  그들은 왕으로부터 선물들을 받는다.
  fīliī cum mātre sunt.
  아들들이 어머니와 함께 있다.

- 호격 (voc.) ō rēx, servā agricolās!
  오 왕이시여, 농부들을 구원하소서!
  māter, amā fīliās!
  어머니여, 딸들을 사랑하라!

☑ ostendō, ostendere 보여 주다, 제시하다

❻ 3변화 명사 – 중성 단수

격	단수
주격	opus
속격	operis
여격	operī
대격	opus
탈격	opere
호격	opus

☑ n. opus, operis 작품, 업적

---

n. opus, operis 작품, 업적

- 주격 (nom.)　hīc opus Marcī est.
　　　　　　　여기 마르쿠스의 작품이 있다.

- 속격 (gen.)　fōrma operis pulchra est.
　　　　　　　그 작품의 모습은 아름답다.

- 여격 (dat.)　operī fōrmam pulchram addō.
　　　　　　　나는 그 작품에 아름다운 모습을 더한다.

- 대격 (acc.)　opus Marcī vidēmus.
　　　　　　　우리는 마르쿠스의 작품을 본다.

- 탈격 (abl.)　opere gaudium accipimus.
　　　　　　　그 작품을 통해(수단) 우리는 기쁨을 얻는다.

- 호격 (voc.)　ō opus, pulchrum es!
　　　　　　　오, 작품이여, 너는 아름답다!

☑ f. fōrma, –ae 모습, 모양, 외형 ┃ addō, addere 더하다, 추가하다
　n. gaudium, –ī 기쁨, 즐거움

❼ 3변화 명사 – 단수 형태 비교

격	남성	여성	중성
주격	rēx	māter	opus
속격	rēgis	mātris	operis
여격	rēgī	mātrī	operī
대격	rēgem	mātrem	opus
탈격	rēge	mātre	opere
호격	rēx	māter	opus

❽ -er로 끝나는 명사 비교

단수 주격이 -er로 끝나는 명사는 2변화 명사, 또는 3변화 명사일 수도 있음에 유의

f. māter, mātris	➡ 3변화 명사
m. puer, puerī	➡ 2변화 명사 (유형2)
m. magister, magistrī	➡ 2변화 명사 (유형3)

❾ 3변화 명사 - 단수 활용

■ 괄호 안에 라틴어 문장의 해석을 쓰세요.

• pater fīliōs in casam vocat.

( )

• fīliī patrī fābulam narrant.

( )

• nōmen operis nōn sciō.

( )

• māter patrī dōnum pulchrum parat.

( )

☑ m. pater, patris 아버지 ∣ vocō, vocāre 부르다 ∣ n. nōmen, –minis 이름
paro, parāre 준비하다

❶ 밑줄 친 부분에 알맞은 어미를 쓰세요.

1. 우리는 아버지의 목소리를 들을 수 있다.

vōc_____ patr_____ audīre possumus.
여성 대격   남성 속격

2. 아버지가 어머니에게 작품을 보여 준다.

pater_____ mātr_____ opus_____ ostendit.
남성 주격   여성 여격   중성 대격

3. 소녀가 어머니 그리고 아버지와 함께 걸어간다.

puella cum mātr_____ et patr_____ ambulat.
여성 탈격   남성 탈격

4. 어머니와 아버지가 딸의 작품을 본다.

māter_____ et pater_____ opus_____ fīliae vident.
여성 주격   남성 주격   중성 대격

☑ f. vōx, vōcis 목소리

❓ 오늘의 퀴즈

❶ 괄호 안에 알맞은 라틴어를 쓰세요.

1. agricolae (_____) dīligunt.

농부들이 왕을 좋아한다.

2. dōnum (_____) bonum est.

어머니의 선물은 훌륭하다.

3. (_____) Marcī vidēmus.

우리들은 마르쿠스의 작품을 본다.

4. fīliī (   ) amant.

아들들이 어머니를 사랑한다.

5. fīliās (   ) vocant.

그들은 그 어머니의 딸들을 부른다.

6. ō (   ), servā patriam!

오, 왕이여 나라를 구하소서!

❷ 다음 문장을 라틴어로 쓰세요.

1. 딸이 어머니에게 작품을 보여 준다.

_____

2. 나는 아버지를 사랑한다.

_____

 오늘의 라틴어 챙겨 가기

sanguis
피

31 3변화 명사 복수

① 3변화 명사의 복수형 특징

❶ 단수 속격(gen.)이 –is로 끝나는 모든 명사

❷ 단수 속격의 –is를 제외한 부분이 어간 – 주격의 형태로는 어간을 알 수 없음

❸ 어미 변화: 남성과 여성은 동일, 중성만 다름

❹ 복수에서 주격(nom.)은 대격(acc.)과 호격(voc.), 여격(dat.)은 탈격(abl.)과 항상 동일한 어미

② 3변화 명사 – 남성 복수

격	복수
주격	rēgēs
속격	rēgum
여격	rēgibus
대격	rēgēs
탈격	rēgibus
호격	rēgēs

☑ m. rēx, rēgis 임금, 왕

③ 3변화 명사 – 여성 복수

격	단수
주격	mātrēs
속격	mātrum
여격	mātribus
대격	mātrēs
탈격	mātribus
호격	mātrēs

☑ f. māter, mātris 어머니

④ 3변화 명사 – 남 / 여성 복수 형태 비교

격	남성	여성
주격	rēgēs	mātrēs
속격	rēgum	mātrum
여격	rēgibus	mātribus
대격	rēgēs	mātrēs
탈격	rēgibus	mātribus
호격	rēgēs	mātrēs

❺ 3변화 명사 - 남 / 여성 복수

> m. rēx, rēgis 임금, 왕
> f. māter, mātris 어머니

- 주격 (nom.) rēgēs bene regunt.
  왕들이 훌륭히 통치한다.
  mātrēs fīliōs amant.
  어머니들이 아들들을 사랑한다.

- 속격 (gen.) fīliī rēgum sunt.
  그들은 왕들의 아들들이다.
  dōnum mātrum bonum est.
  어머니들의 선물은 훌륭하다.

- 여격 (dat.) magistrī rēgibus librum ostendunt.
  선생님들이 왕들에게 그 책을 보여 준다.
  fīliae mātribus cibum emunt.
  딸들이 어머니들을 위해 음식을 산다.

- 대격 (acc.) agricolae rēgēs dīligunt.
  농부들이 그 왕들을 좋아한다.
  in forō mātrēs videō.
  나는 광장(시장)에서 어머니들을 본다.

- 탈격 (abl.) ā rēgibus dōna accipiunt.
  그들은 왕들로부터 선물들을 받는다.
  puerī cum mātribus sunt.
  소년들이 어머니들과 함께 있다.

- 호격 (voc.) ō rēgēs, servāte agricolās!
  오 왕들이시여, 농부들을 구원하소서!
  mātrēs, amāte fīliās!
  어머니들이여, 딸들을 사랑하라!

❻ 3변화 명사 – 중성 복수

격	복수
주격	opera
속격	operum
여격	operibus
대격	opera
탈격	operibus
호격	opera

☑ n. opus, operis 작품, 업적

---

n. opus, operis 작품, 업적

- 주격 (nom.)   hīc opera Marcī sunt.
  여기 마르쿠스의 작품들이 있다.

- 속격 (gen.)   fōrma operum pulchra est.
  그 작품들의 모습은 아름답다.

- 여격 (dat.)   operibus fōrmam pulchram addō.
  나는 그 작품들에 아름다운 모습을 더한다.

- 대격 (acc.)   opera Marcī vidēmus.
  우리는 마르쿠스의 작품들을 본다.

- 탈격 (abl.)   operibus gaudium accipimus.
  그 작품들을 통해(수단) 우리는 기쁨을 얻는다.

- 호격 (voc.)   ō opera, pulchra estis!
  오, 작품들이여, 너희는 아름답다!

❼ 3변화 명사 – 복수 형태 비교

격	남성	여성	중성
주격	rēgēs	mātrēs	opera
속격	rēgum	mātrum	operum
여격	rēgibus	mātribus	operibus
대격	rēgēs	mātrēs	opera
탈격	rēgibus	mātribus	operibus
호격	rēgēs	mātrēs	opera

❽ 3변화 명사 – 복수 활용

■ 괄호 안에 라틴어 문장의 해석을 쓰세요.

- patrēs mātrēs in casam vocant.

    (   )

- fīliī mātribus fābulam narrant.

    (   )

■ 밑줄 친 부분에 알맞은 어미를 쓰세요.

- 우리는 아버지들의 목소리들을 들을 수 있다.

    vōc(   ) patr(   ) audīre possumus.
    여성 대격   남성 속격

- 아버지들이 어머니들에게 작품들을 보여 준다.

    patr(   ) mātr(   ) oper(   ) ostendunt.
    남성 주격   여성 여격   중성 대격

- 나는 그 작품들의 이름들을 모른다.

    nōmin(   ) oper(   ) nōn sciō.
    중성 대격   중성 속격

- 어머니들이 아버지들을 위해 예쁜 선물들을 준비한다.

    matr(   ) patr(   ) dōna pulchra parant.
    여성 주격   남성 여격

❓ 오늘의 퀴즈

❶ 괄호 안에 알맞은 라틴어를 쓰세요.

1. agricolae (   ) dīligunt.

   농부들이 그 왕들을 좋아한다.

2. dōna (   ) bona sunt.

   어머니들의 선물들은 훌륭하다.

3. (   ) Marcī vidēmus.

   우리들은 마르쿠스의 작품들을 본다.

4. fīliī (   ) amant.

   아들들이 어머니들을 사랑한다.

5. fīliās (   ) vocant.

   그들은 어머니들의 딸들을 부른다.

6. ō (   ), servāte patriam!

   오, 왕들이여 나라를 구하소서!

❷ 다음 문장을 라틴어로 쓰세요.

1. 딸들이 어머니들에게 작품들을 보여 준다.

   _____

2. 우리는 아버지들을 좋아한다.

   _____

sūdor

땀

학습 목표
✔ i-어간을 갖는 3변화 명사의 특징
✔ i-어간을 갖는 3변화 남 / 여성 명사 형태와 쓰임

❶ i-어간을 갖는 3변화 명사 특징

❶ 3변화 남 / 여성 명사 중 복수 속격이 –ium으로 끝나는 명사
❷ 3변화 중성 명사 중 단수 탈격이 –ī, 복수 주격 / 대격 / 호격이 –ia, 속격이
–ium으로 끝나는 명사
❸ 나머지 격은 보통의 3변화 명사와 동일한 변화

❷ 3변화 i-어간 명사 형태 – 남 / 여

❶ 단수 주격이 –is / –ēs로, 속격이 –is로 끝나는 경우

격	단수	복수
주격	nāvis	nāvēs
속격	nāvis	nāvium
여격	nāvī	nāvibus
대격	nāvem	nāvēs
탈격	nāve	nāvibus
호격	nāvis	nāvēs

☑ f. nāvis, nāvis 배(船)

격	단수	복수
주격	nūbēs	nūbēs
속격	nūbis	nūbium
여격	nūbī	nūbibus
대격	nūbem	nūbēs
탈격	nūbe	nūbibus
호격	nūbēs	nūbēs

☑ f. nūbēs, nūbis 구름

예외적인 경우

격	단수	복수
주격	canis	canēs
속격	canis	canum
여격	canī	canibus
대격	canem	canēs
탈격	cane	canibus
호격	canis	canēs

☑ c. canis, canis 개

❷ 단수 속격에서 is를 뺀 어간이 단음절이며 어간이 두 개 이상의 자음으로 끝나는 경우

격	단수	복수
주격	mōns	montēs
속격	montis	montium
여격	montī	montibus
대격	montem	montēs
탈격	monte	montibus
호격	mōns	montēs

☆ 단, 단어의 마지막 두 개 자음이 폐쇄음 b, p, c, g, d, t + 유음 l, r 순으로 끝나는 경우는 제외

☑ m. mōns, montis 산

예외적인 경우

격	단수	복수
주격	pater	patrēs
속격	patris	patrum
여격	patrī	patribus
대격	patrem	patrēs
탈격	patre	patribus
호격	pater	patrēs

❸ 3변화 i-어간 명사의 활용 - 남 / 여

- nāvis est longa.

  그 배<u>는</u> 길다.

여성 단수 주격

- numerum magnum nāvium habent.

  그들은 배들<u>의</u> 큰 숫자(많은 수의 배)를 갖고 있다.

여성 복수 속격

- mōns et fōns sunt altī.

  그 산<u>은</u> 높고 그 우물은 깊다.

남성 복수 주격

- altitūdō montium et fontium

  <u>산들의</u> 높이와 <u>우물들의</u> 깊이

남성 복수 속격

- cīvēs ducem malum nōn dīligunt.

  시민들<u>은</u> 나쁜 지도자를 좋아하지 않는다.

남 / 여성 복수 주격

- iūs cīvium est ducem malum ēicere.

  나쁜 지도자를 쫓아내는 것은 시민들<u>의</u> 권리다.

남 / 여성 복수 속격

☑️ m. numerus, -ī 수, 숫자 ǀ habeō, habēre 소유하다 ǀ m. fōns, fontis 우물, 샘
altus, -a,-um 높은, 깊은 ǀ f. altitūdō, -dinis 높이, 깊이 ǀ c. cīvis, cīvis 시민
m. dux, ducis 지도자 ǀ n. iūs, iūris 권리, 법, 정의 ǀ ēiciō, ēicere 던지다, 쫓아내다

❶ 밑줄 친 부분에 알맞은 어미를 쓰세요.

1. 들판에 양들의 큰 수(많은 수의 양)가 있다.

in agrō numerus magnus ov_____ est.
여성 복수 속격

2. 양이 이리로 온다.

ov_____ hūc venit.
여성 단수 주격

3. 세상에는 많은 민족들이 있다.

mult_____ gēnt_____ sunt in mundō.
여성 복수 주격　　　여성 복수 주격

4. 물고기들이 헤엄친다.

pisc_____ nant.
남성 복수 주격

☑ f. ovis, –is 양(羊) ǀ f. gēns, gentis 민족, 부족 ǀ m. mundus 세상, 세계
m. piscis, –is 물고기, 생선 ǀ nō, nāre 헤엄치다

❶ 괄호 안에 알맞은 라틴어를 쓰세요.

1. magnus numerus (   ) hūc venit.

   양들의 큰 수가 (많은 양들이) 이리로 온다.

2. multī (   ) nant.

   많은 물고기들이 헤엄친다.

3. iūs (   ) est ducem malum ēicere.

   나쁜 지도자를 쫓아내는 것은 시민들의 권리다.

❷ 다음 문장을 라틴어로 쓰세요.

1. 예쁜 개들의 주인이 온다.

   _____

2. 소년들이 물고기들과 함께 헤엄친다.

   _____

 오늘의 라틴어 챙겨 가기

lacrima
눈물

학습 목표
✓ i-어간을 갖는 3변화 중성 명사의 특징
✓ i-어간을 갖는 3변화 중성 명사의 형태와 쓰임

❶ i-어간을 갖는 3변화 중성 명사의 특징

❶ 3변화 남 / 여성 명사 중 복수 속격이 -ium으로 끝나는 명사

❷ 3변화 중성 명사 중 단수 탈격이 -ī, 복수 주격 / 대격 / 호격이 -ia, 속격이 -ium으로 끝나는 명사

❸ 나머지 격은 보통의 3변화 명사와 동일한 변화

❷ 3변화 i-어간 명사의 형태 – 중성

✓ 단수 주격의 어미가 -e, -al, -ar로 끝나는 경우

✓ 단수 탈격 어미 -ī, 복수 주격 / 대격 / 호격 어미 -ia, 복수 속격 어미 -ium

예시 n. mare, maris 바다 / n. animal, animālis 동물

격	단수	복수
주격	mare	maria
속격	maris	marium
여격	marī	maribus
대격	mare	maria
탈격	marī	maribus
호격	mare	maria

☑ n. mare, maris 바다

격	단수	복수
주격	animal	animālia
속격	animālis	animālium
여격	animālī	animālibus
대격	animal	animālia
탈격	animālī	animālibus
호격	animal	animālia

☑ n. animal, animālis 동물

❸ 3변화 i-어간 명사의 활용 – 중성

- 밑줄 친 부분에 알맞은 어미를 쓰세요.

- 바다(안)에 많은 물고기들이 헤엄친다.

  in mar_____ multī piscēs nant.
  중성 단수 탈격

- 우리는 바다들을 보기를 원한다.

  mar_____ vidēre cupimus.
  중성 복수 대격

- 동물들이 물고기들을 먹는다.

  animāl_____ piscēs edunt.
  중성 복수 주격

- 나는 숲 속에서 많은 동물들을 볼 수 있다.

  in silvā mult_____ animāl_____ vidēre possum.
  중성 복수 대격   중성 복수 대격

- 선생님이 학생들에게 좋은 인생의 본보기에 관한 책들을 읽으라고 지시한다.

  magister iubet discipulōs librōs dē exemplār_____
  vītae bonae legere.   중성 복수 탈격

☑ nō, nāre 헤엄치다 l edō, edere 먹다 l f. silva, -ae 숲
n. exemplar, -āris 본보기, 사례, 모범 l f. vīta, -ae 인생, 삶, 목숨

? 오늘의 퀴즈

❶ 괄호 안에 알맞은 라틴어를 쓰세요.

1. ( ) vidēre cupimus.

우리는 바다들을 보길 원한다.

2. in silvā multa ( ) vidēmus.

숲 속에서 우리는 많은 동물들을 본다.

3. sunt multa ( ) vītae bonae.

훌륭한 삶의 많은 사례들이 있다.

❷ 다음 문장을 라틴어로 쓰세요.

1. 그 산에는 많은 동물들이 있다.

_____

2. 소년들이 바다에서 헤엄친다.

_____

 오늘의 라틴어 챙겨 가기

ardor
열, 열정

34 3변화 명사 복습

학습 목표
- ✔ 3변화 명사 단 / 복수 형태의 활용
- ✔ 3변화 i-어간 명사 형태와 활용

① 3변화 명사 – 단수

격	남성	여성	중성
주격	rēx	māter	opus
속격	rēgis	mātris	operis
여격	rēgī	mātrī	operī
대격	rēgem	mātrem	opus
탈격	rēge	mātre	opere
호격	rēx	māter	opus

② 3변화 명사 – 복수

격	남성	여성	중성
주격	rēgēs	mātrēs	opera
속격	rēgum	mātrum	operum
여격	rēgibus	mātribus	operibus
대격	rēgēs	mātrēs	opera
탈격	rēgibus	mātribus	operibus
호격	rēgēs	mātrēs	opera

❶ 밑줄 친 부분에 알맞은 라틴어를 쓰세요.

1. 어머니가 아들들을 집 안으로 부른다.

➡ _____ fīliōs in casam vocat.

2. 우리는 아버지의 목소리를 들을 수 있다.

➡ _____ _____ audīre possumus.

3. 딸들이 어머니에게 그 작품을 보여 준다.

➡ fīliae _____ _____ ostendunt.

4. 왕들이 훌륭하게 통치한다.

➡ _____ bene regunt.

5. 그들은 어머니들 그리고 아버지들과 함께 걷는다.

➡ cum _____ et _____ ambulant.

6. 우리는 그 왕들의 작품(업적)들을 본다.

➡ _____ _____ vidēmus.

7. 우리는 그 학생들의 이름들을 듣는다.

➡ _____ discipulōrum audīmus.

8. 오, 왕이시여 농부들을 구원하소서!

➡ ō _____, servā agricolās!

9. 나는 그 작품에 아름다운 모습을 더한다.

➡ _____ fōrmam pulchram addō.

③ 3변화 명사 – i 어간(남성 / 여성)

격	단수	복수	단수	복수
주격	nāvis	nāvēs	nūbēs	nūbēs
속격	nāvis	nāvium	nūbis	nūbium
여격	nāvī	nāvibus	nūbī	nūbibus
대격	nāvem	nāvēs	nūbem	nūbēs
탈격	nāve	nāvibus	nūbe	nūbibus
호격	nāvis	nāvēs	nūbēs	nūbēs

예외적인 경우

격	단수	복수
주격	canis	canēs
속격	canis	canum
여격	canī	canibus
대격	canem	canēs
탈격	cane	canibus
호격	canis	canēs

단수 속격에서 is를 뺀 어간이 단음절이며 어간이 두 개 이상의 자음으로 끝나는 경우

격	단수	복수
주격	mōns	montēs
속격	montis	montium
여격	montī	montibus
대격	montem	montēs
탈격	monte	montibus
호격	mōns	montēs

예외적인 경우

격	단수	복수
주격	pater	patrēs
속격	patris	patrum
여격	patrī	patribus
대격	patrem	patrēs
탈격	patre	patribus
호격	pater	patrēs

④ 3변화 명사 - i 어간 (중성)

격	단수	복수	단수	복수
주격	mare	maria	animal	animālia
속격	maris	marium	animālis	animālium
여격	marī	maribus	animālī	animālibus
대격	mare	maria	animal	animālia
탈격	marī	maribus	animālī	animālibus
호격	mare	maria	animal	animālia

❶ 밑줄 친 부분에 알맞은 라틴어를 쓰세요.

1. 그들은 배들의 큰 숫자(많은 수의 배)를 갖고 있다.

   ➡ numerum magnum _____ habent.

2. 나쁜 지도자를 쫓아내는 것은 시민들의 권리이다.

   ➡ iūs _____ est ducem malum ēicere.

3. 들판에 양들의 큰 수(많은 수의 양)가 있다.

   ➡ in agrō numerus magnus _____ est.

4. 많은 물고기들이 바다에서 헤엄친다.

   ➡ multī _____ in _____ nant.

5. 우리는 숲 속에서 많은 동물들을 볼 수 있다.

   ➡ in silvā multa _____ vidēre possumus.

6. 우리는 바다들을 보길 원한다.

   ➡ _____ vidēre cupimus.

7. 동물들이 물고기들을 먹는다.

   ➡ _____ _____ edunt.

8. 선생님이 학생들에게 좋은 인생의 본보기에 관한 책들을 읽으라고 지시한다.

   ➡ magister iubet discipulōs librōs dē

   _____ vītae bonae legere.

학습 목표 ✔ 총정리 연습 문제
- 동사 변화
- 명사 변화 (1, 2, 3)
- 형용사 변화
- 대격, 탈격 전치사
- 동사의 여러 용법

✅ 괄호 안에 들어갈 라틴어로 알맞은 것을 고르세요.

❶ Marcus saepe (   ).

a. errās

b. errant

c. errāmus

d. errat

❷ discipulī librōs legere (   ).

a. cupiō

b. cupiunt

c. cupitis

d. cupis

❸ puellae cum (   ) hūc veniunt.

a. puerum

b. puerōs

c. puerīs

d. puerōrum

❹ magistrī discipulīs (   ) mittunt.

a. librīs

b. librōs

c. liber

d. librī

❺ flōrēs dōna (   )(   ) sunt.

   a. puellās, pulchrās

   b. puellam, pulchram

   c. puellārum, pulchrārum

   d. puella, pulchra

❻ āthlētae contrā (   ) currunt.

   a. ventum

   b. ventī

   c. ventīs

   d. ventōrum

❼ bonum est librōs (   ).

   a. legit

   b. legere

   c. legis

   d. legitis

❽ agricola labōrāre (   ).

   a. nōlumus

   b. nōn vīs

   c. nōlunt

   d. nōn vult

☑ m. flōs, flōris 꽃 | m. āthlēta, –ae 운동선수

✓ 괄호 안에 알맞은 라틴어 단어를 쓰세요.

❾ (　　　　) (　　　　　　) invītat.
사위가 장인어른을 초대한다.

❿ cum (　　　　　　) (　　　　) sedeō.
나는 그 피곤한 학생과 함께 앉아 있다.

⓫ nautae (　　) Ītaliā (　　) Graeciam nāvigant.
선원들이 이탈리아를 출발하여 그리스로 항해한다.

⓬ fūrēs illūc fugere nōn (　　　　　　).
도둑들이 그리로 도망갈 수 없다.

⓭ pater (　　　　　) dōnum pretiōsum parat.
아버지는 어머니를 위해 값비싼 선물을 준비한다.

⓮ liber in (　　　　　　) cadit.
책이 책상 위로 떨어진다.

⓯ (　　　　) (　　　　　　) audīre possumus.
우리는 군인들의 목소리들을 들을 수 있다.

⓰ ō rēx, (　　　　) bene patriam!
오 임금님, 나라를 훌륭히 다스리소서!

⓱ (　　　) (　　　　　　) discipulī librōs legunt.
밤새 내내 학생들이 책을 읽는다.

⓲ Claudia amīca bona Quintī (　　　　) (　　　　)!
클라우디아는 퀸투스의 좋은 친구가 되기를 원한다!

☑️ m. gener, -erī 사위 ǀ m. socer, -erī 장인(어른) ǀ m. nauta, -ae 선원, 뱃사람
m. fūr, fūris 도둑 ǀ pretiōsus, -a, -um 값비싼 ǀ m. mīles, -itis 군인
f. nox, noctis 밤

✅ 라틴어 문장을 한국어로 해석하세요.

⑲ hīc mīlitēs fessōs vidēmus.
➡

⑳ fēlēs sub mēnsā iacet.
➡

㉑ discipulī, este poētae bonī!
➡

㉒ in caelō lūna et stēllae refulgent.
➡

㉓ in marī multa animālia vīvunt.
➡

㉔ trāns forum per viam ad tabernam festīnant.
➡

☑️ f. fēlēs, -is 고양이 ǀ refulgeō, refulgēre 빛나다, 반짝이다

✔ 한국어 문장을 라틴어로 작문하세요.

㉕ 나는 우정에 관한 책을 쓴다.

➡

㉖ 육체 안에는 피, 땀, 눈물이 존재한다.

➡

㉗ 우리는 선생님들로부터 많은 기쁨을 얻는다.

➡

㉘ 평화 때 그들은 행복하게 일하며 산다.

➡

㉙ 나는 마르쿠스가 클라우디아를 사랑한다고 생각한다.

➡

㉚ 우리는 라틴어를 즐겁게 배울 수 있다.

➡

☑ n. corpus, corporis 육체, 신체 ǀ m. sanguis, -guinis 피 ǀ m. sūdor, -ōris 땀
f. lacrima, -ae 눈물 ǀ f. pāx, pācis 평화, 화평 ǀ f. fēlīcitās, -ātis 행복
f. lingua, -ae 언어, 혀 ǀ Latīnus, -a, -um 라티움의, 라틴의

LESSON 36 텍스트 읽기

학습 목표
✔ 라틴어로 된 이솝 우화를 읽고 해석해 보기
✔ 어휘 복습

---

① 텍스트 읽기 – 작가 / 번역가 소개 및 텍스트

✔ 아이소푸스 / 이솝 Aesōpus (약 B. C. 620 – B. C. 564)
　: 고대 그리스의 우화 작가

✔ 가이우스 율리우스 파이드루스 Gaius Iūlius Phaedrus (약 B. C. 20/15 – 약 A. D. 50/60)
　: 이솝의 우화를 라틴어 운문으로 번역

---

canis avārus

canis carnem in ōre habet et in flūmine nat. nam domī carnem quiētē edere vult. subitō in flūmine simulācrum canis aliēnī videt. etiam canis in flūmine carnem in ōre habet. prīmus canis canem in flūmine esse alium canem putat. carnem canis in flūmine ēripere vult. scīlicet aviditās canem dēcipit. itaque canis magnopere lātrat. tum carō ex ōre in flūmen cadit et canis carnem āmittit. canis carnem iam nōn habet. dēspērat et sine cibō domum ambulat. stultum est aviditātem habēre.

파이드루스 〈우화집〉 1. 4에서 개작

욕심 많은 개

개가 입 안에 고기를 가지고 강에서 헤엄칩니다. 왜냐하면 그 개는 집에서 고기를 편안히 먹으려고 하기 때문입니다. 갑자기 그 개는 강 속에서 낯선 개의 모습을 봅니다. 강 속에 있는 개도 입 안에 고기를 갖고 있습니다. 첫 번째 개는 강 속의 개가 다른 개라고 생각합니다. (첫 번째) 개는 강 속에 있는 개의 고기를 빼앗으려 합니다. 물론 욕심이 그 개를 속인 것입니다. 그래서 그 개는 크게 짖습니다. 그러자 고기가 입 밖으로 나와 강 안으로 떨어지고 그 개는 고기를 잃습니다. 그 개는 이제 고기를 갖고 있지 않습니다. 그 개는 절망하여 먹을 것 없이 집으로 걸어갑니다. 탐욕을 갖는 것은 어리석은 일입니다.

✅ 258페이지의 참고 단어를 활용하여 해석해 보세요. (정답은 256페이지 해석과 동일합니다.)

Canis Avārus

canis carnem in ōre habet et in flūmine nat.

_____

nam domī carnem quiētē edere vult.

_____

subitō in flūmine simulācrum canis aliēnī videt.

_____

etiam canis in flūmine carnem in ōre habet.

_____

prīmus canis canem in flūmine esse alium canem putat.

_____

carnem canis in flūmine ēripere vult.

_____

scīlicet aviditās canem dēcipit.

_____

itaque canis magnopere lātrat.

---

tum carō ex ōre in flūmen cadit et canis carnem āmittit.

---

canis carnem iam nōn habet.

---

dēspērat et sine cibō domum ambulat.

---

stultum est aviditātem habēre.

☑ avārus, -a, -um 욕심 많은, 탐욕적인 ǀ f. carō, carnis 고기 ǀ n. ōs, ōris 입, 얼굴
n. flūmen, -minis 강 ǀ nam 왜냐하면, 즉 ǀ quiētē 편안히, 조용히
subitō 갑자기, 돌연 ǀ n. simulācrum, -ī 형상, 모습
aliēnus, -a, -um 알지 못하는, 낯선, 생소한 ǀ etiam 또한, 역시, 심지어
alius, alia, aliud 다른, 별개의, 서로 다른 ǀ ēripiō, ēripere 빼앗다, 강탈하다
scīlicet 물론, 명백히, 당연히 ǀ f. aviditās, -ātis 욕심, 탐욕
dēcipiō, dēcipere 속이다, 기만하다, 현혹시키다 ǀ itaque 그래서, 그 까닭에
magnopere 크게, 몹시 ǀ lātrō, lātrāre (개가) 짖다 ǀ tum 그러자, 그리고 나서, 그때에
cadō, cadere 떨어지다, 낙하하다 ǀ āmittō, āmittere 잃다 ǀ iam 이제, 지금, 이미
dēspērō, dēspērāre 절망하다, 실망하다 ǀ domum 집으로
stultus, -a, -um 어리석은, 바보같은

❷ 어휘 복습하기

✔ 라틴어와 한국어 뜻을 알맞게 연결하세요.

① nam •	• ⓐ 왜냐하면, 즉
② iam •	• ⓑ 갑자기, 돌연
③ itaque •	• ⓒ 물론, 명백히, 당연히
④ subitō •	• ⓓ 편안히, 조용히
⑤ tum •	• ⓔ 이제, 지금, 이미
⑥ scīlicet •	• ⓕ 그래서, 그 까닭에
⑦ magnopere •	• ⓖ 크게, 몹시
⑧ etiam •	• ⓗ 그러자, 그리고 나서, 그때에
⑨ quiētē •	• ⓘ 또한, 역시, 심지어

✔ 빈칸에 들어갈 라틴어 단어와 변화, 뜻을 쓰세요.

형용사	변화	뜻
	-a, -um	욕심 많은, 탐욕적인
aliēnus	-a, -um	
alius		(서로) 다른, 별개의
	-a, -um	어리석은, 바보 같은

성	명사 (nom.)	변화 (gen.)	뜻
		-ī	형상, 모습
n.	ōs		
n.		-minis	강
f.			욕심, 탐욕
			고기

1인칭 단수 형태	동사 부정형	뜻
	ēripere	빼앗다, 강탈하다
lātrō		
	āmittere	
cadō		
		속이다, 기만하다
	dēspērāre	

37 부록

 학습 목표 ✔ 변화표 익히기
- 동사 변화표
- 명사 변화표
- 형용사 변화표

❶ 동사 변화표

1변화 동사

수	인칭	amāre 사랑하다
단수	egō (나)	amō
	tū (너)	amās
	is, ea, id (그, 그녀, 그것)	amat
복수	nōs (우리)	amāmus
	vōs (너희)	amātis
	eī, eae, ea (그들, 그것들)	amant
명령법	단수	amā
	복수	amāte

2변화 동사

수	인칭	monēre 경고하다
단수	egō (나)	moneō
	tū (너)	monēs
	is, ea, id (그, 그녀, 그것)	monet
복수	nōs (우리)	monēmus
	vōs (너희)	monētis
	eī, eae, ea (그들, 그것들)	monent
명령법	단수	monē
	복수	monēte

3변화 동사

수	인칭	mittere 보내다
단수	egō (나)	mittō
	tū (너)	mittis
	is, ea, id (그, 그녀, 그것)	mittit
복수	nōs (우리)	mittimus
	vōs (너희)	mittitis
	eī, eae, ea (그들, 그것들)	mittunt
명령법	단수	mitte
	복수	mittite

3-io변화 동사

수	인칭	capere 취하다
단수	egō (나)	capiō
	tū (너)	capis
	is, ea, id (그, 그녀, 그것)	capit
복수	nōs (우리)	capimus
	vōs (너희)	capitis
	eī, eae, ea (그들, 그것들)	capiunt
명령법	단수	cape
	복수	capite

4변화 동사

수	인칭	audīre 듣다
단수	egō (나)	audiō
	tū (너)	audīs
	is, ea, id (그, 그녀, 그것)	audit
복수	nōs (우리)	audīmus
	vōs (너희)	audītis
	eī, eae, ea (그들, 그것들)	audiunt
명령법	단수	audī
	복수	audīte

sum / possum 동사

수	인칭	esse 있다, ~(이)다	posse ~할 수 있다
단수	egō (나)	sum	possum
	tū (너)	es	potes
	is, ea, id (그, 그녀, 그것)	est	potest
복수	nōs (우리)	sumus	possumus
	vōs (너희)	estis	potestis
	eī, eae, ea (그들, 그것들)	sunt	possunt
명령법	단수	es, estō	
	복수	este	

volō 동사

수	인칭	velle ~하기를 원하다, ~할 의도를 갖다
단수	egō (나)	volō
	tū (너)	vīs
	is, ea, id (그, 그녀, 그것)	vult
복수	nōs (우리)	volumus
	vōs (너희)	vultis
	eī, eae, ea (그들, 그것들)	volunt

nōlō 동사

수	인칭	nōlle ~하기를 원하지 않다, ~할 의도가 없다
단수	egō (나)	nōlō
	tū (너)	nōn vīs
	is, ea, id (그, 그녀, 그것)	nōn vult
복수	nōs (우리)	nōlumus
	vōs (너희)	nōn vultis
	eī, eae, ea (그들, 그것들)	nōlunt
명령법	단수	nōlī
	복수	nōlīte

❷ 명사 변화표

1변화 명사

격	단수	복수
주격	puella	puellae
속격	puellae	puellārum
여격	puellae	puellīs
대격	puellam	puellās
탈격	puellā	puellīs
호격	puella	puellae

2변화 명사 – 유형1

격	단수	복수
주격	amīcus	amīcī
속격	amīcī	amīcōrum
여격	amīcō	amīcīs
대격	amīcum	amīcōs
탈격	amīcō	amīcīs
호격	amīce	amīcī

2변화 명사 – 유형2

격	단수	복수
주격	puer	puerī
속격	puerī	puerōrum
여격	puerō	puerīs
대격	puerum	puerōs
탈격	puerō	puerīs
호격	puer	puerī

2변화 명사 - 유형3

격	단수	복수
주격	magister	magistrī
속격	magistrī	magistrōrum
여격	magistrō	magistrīs
대격	magistrum	magistrōs
탈격	magistrō	magistrīs
호격	magister	magistrī

2변화 명사 - 유형4

격	단수	복수
주격	dōnum	dōna
속격	dōnī	dōnōrum
여격	dōnō	dōnīs
대격	dōnum	dōna
탈격	dōnō	dōnīs
호격	dōnum	dōna

3변화 명사 - 남성

격	단수	복수
주격	rēx	rēgēs
속격	rēgis	rēgum
여격	rēgī	rēgibus
대격	rēgem	rēgēs
탈격	rēge	rēgibus
호격	rēx	rēgēs

3변화 명사 – 여성

격	단수	복수
주격	māter	mātrēs
속격	mātris	mātrum
여격	mātrī	mātribus
대격	mātrem	mātrēs
탈격	mātre	mātribus
호격	māter	mātrēs

3변화 명사 – 중성

격	단수	복수
주격	opus	opera
속격	operis	operum
여격	operī	operibus
대격	opus	opera
탈격	opere	operibus
호격	opus	opera

3변화 명사 – i어간 (남성, 여성)

격	단수	복수
주격	nāvis	nāvēs
속격	nāvis	nāvium
여격	nāvī	nāvibus
대격	nāvem	nāvēs
탈격	nāve	nāvibus
호격	nāvis	nāvēs

격	단수	복수
주격	mōns	montēs
속격	montis	montium
여격	montī	montibus
대격	montem	montēs
탈격	monte	montibus
호격	mōns	montēs

3변화 명사 – i어간 (중성)

격	단수	복수
주격	mare	maria
속격	maris	marium
여격	marī	maribus
대격	mare	maria
탈격	marī	maribus
호격	mare	maria

❸ 형용사 변화표

단수

격	남성	여성	중성
주격	bonus	bona	bonum
속격	bonī	bonae	bonī
여격	bonō	bonae	bonō
대격	bonum	bonam	bonum
탈격	bonō	bonā	bonō
호격	bone	bona	bonum

복수

격	남성	여성	중성
주격	bonī	bonae	bona
속격	bonōrum	bonārum	bonōrum
여격	bonīs	bonīs	bonīs
대격	bonōs	bonās	bona
탈격	bonīs	bonīs	bonīs
호격	bonī	bonae	bona

puer 유형 – 단수

격	남성	여성	중성
주격	miser	misera	miserum
속격	miserī	miserae	miserī
여격	miserō	miserae	miserō
대격	miserum	miseram	miserum
탈격	miserō	miserā	miserō
호격	miser	misera	miserum

puer 유형 - 복수

격	남성	여성	중성
주격	miserī	miserae	misera
속격	miserōrum	miserārum	miserōrum
여격	miserīs	miserīs	miserīs
대격	miserōs	miserās	misera
탈격	miserīs	miserīs	miserīs
호격	miserī	miserae	misera

magister 유형 - 단수

격	남성	여성	중성
주격	pulcher	pulchra	pulchrum
속격	pulchrī	pulchrae	pulchrī
여격	pulchrō	pulchrae	pulchrō
대격	pulchrum	pulchram	pulchrum
탈격	pulchrō	pulchrā	pulchrō
호격	pulcher	pulchra	pulchrum

magister 유형 - 복수

격	남성	여성	중성
주격	pulchrī	pulchrae	pulchra
속격	pulchrōrum	pulchrārum	pulchrōrum
여격	pulchrīs	pulchrīs	pulchrīs
대격	pulchrōs	pulchrās	pulchra
탈격	pulchrīs	pulchrīs	pulchrīs
호격	pulchrī	pulchrae	pulchra

+ 대격 전치사 – 장소

전치사	뜻
ad	~을(를) 향하여, ~쪽으로
prope	~근처에, ~곁에
circum	주위에(로), ~을(를) 둘러 싸고
apud	~곁에, ~가에, ~집에(서)
trāns	~을(를) 가로질러, ~건너 저편에(으로)

+ 대격 전치사 – 장소

대격을 취하며 문맥에 따라 시간 또는 장소의 의미를 가집니다.

전치사	뜻
ante	장소: ~앞쪽에(으로), ~전방에(으로)
	시간: ~이전에
post	장소: ~뒤쪽에(으로), ~후방에(으로)
	시간: ~이후에, ~한 후에
inter	장소: ~(둘) 사이에, ~(여럿) 가운데
	시간: ~(일/사건이) 진행되는 동안, ~중에

+ 대격 전치사 – 그 외

대격을 취하며 3가지 이상 또는 추상적 의미를 가집니다.

전치사	뜻
per	장소: ~을(를) 통하여, ~을(를) 거쳐서
	시간: ~(시간) 내내
	수단, 매개체: ~을(를) 통하여
praeter	장소: ~을(를) 지나, ~을(를) 따라
	추상: ~을(를) 제외하고
contrā	~에 대항하여, ~에 맞서
propter / ob	~때문에

탈격 전치사

전치사	뜻
ā / ab	장소: ~을(를) 출발하여, ~(으)로부터
	출처: ~(으)로부터
	시간: ~때부터, ~이후로
ē / ex	장소: ~(안에서) 밖으로 / 출발하여
	출처 / 근거: ~사실로부터, ~사실을 통하여
dē	장소: ~(위에서) 아래로
	주제: ~에 관하여
prō	장소: ~전면에(으로), ~앞쪽에(으로)
	추상: ~을(를) 위하여, ~에 대한 보답으로, ~대신에
cum	~와 함께, (+ 추상 명사) ~하게
sine	~없이

대 / 탈격 전치사

전치사		+ 대격	+ 탈격
in	장소	~(밖에서) 안으로, ~위쪽으로	~안에(서), ~위에(서)
	시간	~의 때에 이르기까지	~의 때에, ~의 일을 할 때
sub	장소	~아래쪽으로, ~밑으로	~아래쪽에, ~밑에
	시간	~즈음에, ~경에	~의 조건 / 상황하에, ~치하에서

일러두기

m. : 남성

f. : 여성

n. : 중성

c. : 남성 혹은 여성

(1) : 1변화 명사

(2) : 2변화 명사

(3) : 3변화 명사

A

ā / ab (탈격 전치사) : (장소) ~을(를) 출발하여, ~(으)로부터 / (출처) ~(으)로부터

accipiō, accipere : 받다, 수령하다

ad (대격 전치사) : (장소) ~을(를) 향하여, ~쪽으로

addō, addere : 더하다, 추가하다

adveniō, advenīre : 도착하다

aeger, -gra, -grum : 병든, 아픈

f. aetās, aetātis : 세월, 시대, 나이 (3)

m. ager, agrī : 들판 (2)

m. agnus, -ī : 어린 양, 새끼 양 (2)

m. agricola, -ae : 농부 (1)

f. ālea, -ae : 주사위 (1)

aliēnus, -a, -um : 낯선, 생소한

alius, alia, aliud : 다른, 별개의

f. altitūdō, -dinis : 높이, 깊이 (3)

altus, -a, -um : 높은, 깊은

ambulō, ambulāre : 걸어가다

f. amīcitia, -ae : 우정 (1)

f. amīca, -ae : (여) 친구 (1)

m. amīcus, -ī : 친구 (2)

āmittō, āmittere : 잃다

amō, amāre : 사랑하다

m. amor, amōris : 사랑 (3)

n. animal, animālis : 동물 (3)

m. annus, -ī : 해, 년 (2)

ante (대격 전치사) : (장소) ~앞쪽에(으로), ~전방에(으로) / (시간) ~이전에

anxiē : 불안하게

apud (대격 전치사) : (장소) ~곁에, ~가에, ~집에(서)

m. ardor, -ōris : 열, 열기, 열정 (3)

f. arx, arcis : 성채, 요새 (3)

asper, -era, -erum : (표면이) 거친, (일이) 고된, (성격이) 사나운, 불친절한

m. āthlēta, -ae : 운동선수 (1)

n. ātrium -ī : 현관, 입구 (2)

audiō, audīre : 듣다

m. Augustus, -ī : 아우구스투스 황제 (2)

f. auris, -is : 귀 (3)

n. aurum, -ī : 금 (2)

m. autumnus, -ī : 가을 (2)

avārus, -a, -um : 욕심 많은, 탐욕적인

f. aviditās, -ātis : 욕심, 탐욕 (3)

B

n. bāsium, -ī : 키스, 입맞춤 (2)

n. bellum, -ī : 전쟁 (2)

bene : 잘, 훌륭하게

n. beneficium, -ī : 호의, 친절함 (2)

bibō, bibere : 마시다

bonus, -a, -um : 좋은, 훌륭한, 착한

c. bōs, bovis : 소 (3)

C

cadō, cadere : 떨어지다, 추락하다

n. caelum, -ī : 하늘 (2)

m. Caesar, -aris : 카이사르, 시저 (3)

c. canis, -is : 개 (3)

cantō, cantāre : 노래하다

capiō, capere : 취하다, (물건을) 잡다, 점령하다

f. cāritās, -ātis : 소중함, 사랑 (3)

f. carō, carnis : 고기 (3)

f. casa, -ae : (작은) 집, 오두막 (1)

celeriter : 빠르게

f. cēna, -ae : 저녁 식사 (1)

m. charactēr, -ēris : 성격, 유형 (3)

m. cibus, -ī : 음식, 먹을거리 (2)

circum (대격 전치사) : (장소) ~주위에(로), ~을
(를) 둘러싸고

c. cīvis, -is : 시민 (3)

clam : 몰래, 비밀스럽게

clāmō, clāmāre : 소리 지르다

f. Claudia, -ae : 클라우디아 (사람 이름) (1)

f. clēmentia, -ae : 자비 (1)

cōgitō, cōgitāre : 생각하다, 사고하다

n. cognōmen, -minis : 별명, 별칭 (3)

cōnficiō, cōnficere : 끝내다, 완성하다

cōnstituō, cōnstituere : 결정하다, 마음먹다

contrā (대격 전치사) : ~에 대항하여, ~에 맞서

n. cor, cordis : 마음, 심장 (3)

n. corpus, -oris : 육체, 신체 (3)

m. convīva, -ae : (잔치의) 손님 (1)

n. convīvium, -ī : 잔치, 연회 (2)

cum (탈격 전치사) : ~와(과) 함께,
(+ 추상 명사) ~하게

cupiō, cupere : 원하다, 욕망하다

currō, currere : 뛰다, 달리다

custōdiō, custōdīre : 지키다, 보호하다

D

dē (탈격 전치사) : (장소) ~위에서 아래로 / (주제)
~에 관하여

dēbeō, dēbēre : ~해야 한다

m. Decimus, -ī : 데키무스 (사람 이름) (2)

dēcipiō, dēcipere : 속이다, 기만하다, 현혹시키다

dēlectō, dēlectāre : 기쁘게 하다

m. dēns, dentis : 치아 (3)

dēspērō, dēspērāre : 절망하다, 실망하다

dīcō, dīcere : 말하다

dīligenter : 열심히, 부지런히

dīligō, dīligere : 좋아하다, 높이 평가하다

m. discipulus, -ī : 학생 (2)

discō, discere : 배우다

diū : 오랫동안

doceō, docēre : 가르치다

doleō, dolēre : 아프다, 고통을 느끼다

domī : 집에(서)

f. domina, -ae : (가정 / 집안의) 여주인 (1)

m. dominus, -ī : (가정 / 집안의) 남주인 (2)

domum : 집으로

n. dōnum, -ī : 선물 (2)

dormiō, dormīre : 잠자다

dūcō, dūcere : 이끌다

m. dux, ducis : 지도자 (3)

E

ē / ex (탈격 전치사) : (장소) ~안에서 밖으로, 출발하여 / (출처, 근거) ~사실로부터, ~사실을 통하여

edō, edere : 먹다

egō : 나

ei : 오! (감탄사)

eī, eae, ea : 그들 / 그것들

ēiciō, ēicere : 던지다, 쫓아내다

emō, emere : 사다, 구입하다

f. epistula, –ae : 편지 (1)

m. equus, –ī : 말 (2)

ergō : 고로, 그러므로

ēripiō, ēripere : 빼앗다, 강탈하다

errō, errāre : 실수하다, 방황하다

etiam : 또한, 역시, 심지어

f. Eurōpa, –ae : 유럽 (1)

n. exemplar, –āris : 본보기, 사례, 모범 (3)

F

f. fābula, –ae : 이야기 (1)

faciō, facere : 만들다, 하다

n. fātum, –ī : 운명 (2)

f. fax, facis : 횃불 (3)

f. fēlēs, –is : 고양이 (3)

f. fēlīcitās, –ātis : 행복 (3)

f. fēmina, –ae : 여자 (1)

n. ferrum, –ī : 철, 쇠 (2)

fessus, –a, –um : 피곤한, 지친

festīnō, festīnāre : 서두르다, 서둘러 가다

f. fīcus, –ī : 무화과 (2)

f. fīlia, –ae : 딸 (1)

m. fīlius, –ī : 아들 (2)

fleō, flēre : 울다

m. flōs, flōris : 꽃 (3)

n. flūmen, –minis : 강 (3)

n. foedus, –eris : 조약 (3)

m. fōns, fontis : 우물, 샘 (3)

f. fōrma, –ae : 모습, 모양, 외형 (1)

n. forum, –ī : 광장, 시장 (2)

n. frūmentum, –ī : 곡식, 곡물 (2)

fugiō, fugere : 도망가다, 달아나다

m. fūr, fūris : 도둑 (3)

G

gaudeō, gaudēre : 기뻐하다

n. gaudium, –ī : 기쁨, 즐거움 (2)

f. gemma, –ae : 보석 (1)

m. gener, –erī : 사위 (2)

f. gēns, gentis : 민족, 부족 (3)

m. gigās, –antis : 거인 (3)

f. glōria, –ae : 영광 (1)

m. gradus, –ūs : 계단 (4)

f. Graecia, –ae : 그리스 (1)

f. grātia, –ae : 감사, 은혜 (1)

graviter : 무겁게, 심하게

H

habeō, habēre : 가지고 있다, 소유하다

habitō, habitāre : 살다, 거주하다

heu : 아이고, 이런 (감탄사)

hīc : 여기에, 이곳에

hodiē : 오늘

m. homō, –minis : 인간 (3)

honestus, –a, –um : 정직한, 명예로운, 고결한

f. hōra, –ae : 시간, 시 (단위) (1)

m. hortus, –ī : 정원 (2)

hūc : 이리로, 이쪽으로

hūmānus, –a, –um : 인간적인

I

iaceō, iacēre : 누워 있다

iaciō, iacere : 던지다

iam : 이제, 지금, 이미

f. iānua, –ae : 문 (1)

ibi : 거기에, 그곳에

n. ientāculum, –ī : 아침 식사 (2)

m. ignis, –is : 불 (3)

illūc : 그리로, 그쪽으로

m. imber, –bris : 비 (3)

in (대 / 탈격 전치사) :

+ 대격 (장소) : ~밖에서 안으로, ~위쪽으로 / (시간)
~의 때에 이르기까지

+ 탈격 (장소) : ~안에(서), ~위에(서) / (시간) ~의
때에, ~의 일을 할 때

inimīcus, –a, –um : 적대적인

intellegō, intellegere : 이해하다

inter (대격 전치사) : (장소) ~(둘) 사이에, ~(여럿)
가운데 / (시간) ~(일 · 사건이) 진행되는 동안

invītō, invītāre : 초대하다

m. iocus, –ī : 농담 (2)

f. īra, –ae : 분노, 화 (1)

is, ea, id : 그, 그녀, 그것

f. Ītalia, –ae : 이탈리아 (1)

itaque : 그래서, 그 까닭에

iubeō, iubēre : 명령하다, 지시하다

f. Iūlia, –ae : 율리아 (사람 이름) (1)

m. Iuppiter, Iovis : 유피테르, 주피터 (3)

n. iūs, iūris : 권리, 법, 정의 (3)

iuvō, iuvāre : 돕다

K

f. Kalendae, –ārum : 매달 첫 번째 날 (1)

L

m. labor, –ōris : 일, 노동 (3)

labōrō, labōrāre : 일하다, 노동하다

f. lacrima, –ae : 눈물 (1)

f. lacūna, –ae : 웅덩이, 구덩이 (1)

laetus, –a, –um : 행복한, 즐거운

Latīnus, –a, –um : 라티움의, 라틴의

lātrō, lātrāre : (개가) 짖다

m. lectus, –ī : 침대, 침상 (2)

legō, legere : 읽다

lentē : 천천히, 느리게

leviter : 가볍게, 약하게

f. lēx, lēgis : 법, 법률 (3)

m. liber, –rī : 책 (2)

līber, –era, –erum : 자유로운, 자유인의

f. lingua, –ae : 언어, 혀 (1)

m. locus, –ī : 장소, 곳 (2)

longus, –a, –um : (길이가) 긴, (시간이) 많이
걸리는

lūdō, lūdere : 놀다

f. lūna, –ae : 달 (1)

f. lūx, lūcis : 빛 (3)

M

m. magister, -rī : 남교사, 선생님 (2)

f. magistra, -ae : 여교사, 선생님 (1)

magnopere : 크게, 몹시

magnus, -a, -um : 커다란, 큰, 위대한

malus, -a, -um : 나쁜, 사악한

maneō, manēre : 머무르다, 기다리다

m. Marcus, -ī : 마르쿠스 (사람 이름) (2)

n. mare, maris : 바다 (3)

f. margarīta, -ae : 진주 (1)

m. marītus, -ī : 남편 (2)

f. māter, -tris : 어머니 (3)

mātūrē : 일찍, 제때

m. medicus, -ī : 의사 (2)

f. memoria, -ae : 기억, 추억 (1)

f. mēns, mentis : 정신, 마음 (3)

f. mēnsa, -ae : 책상, 식탁, 탁자 (1)

m. mīles, -litis : 군인 (3)

miser, -era, -erum : 불쌍한, 비참한

mittō, mittere : 보내다, 파견하다

moneō, monēre : 경고하다, 충고하다

m. mōns, montis : 산 (3)

multum : 많이

multus, -a, -um : 많은

m. mundus, -ī : 세상, 세계 (2)

m. mūrus, -ī : 벽, 성벽 (2)

m. mūsculus, -ī : 생쥐 (2)

N

nam : 왜냐하면, 즉

narrō, narrāre : (이야기를) 들려주다

m. nāsus, -ī : 코 (2)

m. nauta, -ae : 선원, 뱃사람 (1)

f. nāvigātiō, -ōnis : 항해 (3)

nāvigō, nāvigāre : 항해하다

f. nāvis, -is : 배 (3)

nimis : 너무 많이, 과도하게

nō, nāre : 수영하다, 헤엄치다

nōlō, nōlle : ~하기를 원하지 않다, ~할 의도가 없다

n. nōmen, -minis : 이름 (3)

nōn : ~이(가) 아니다 (부정문을 만듦)

nōs : 우리

f. nox, noctis : 밤 (3)

f. nūbēs, -is : 구름 (3)

m. numerus, -ī : 숫자, 수 (2)

m. nummus, -ī : 동전 (2)

f. nympha, -ae : 요정 (1)

O

ob (대격 전치사) : (이유) ~때문에

obtegō, obtegere : 숨기다

m. odor, -ōris : 향기, 향수 (3)

n. officium, -ī : 의무 (2)

f. olīva, -ae : 올리브 나무, 올리브 열매 (1)

omnīnō : 전혀, 완전히

n. oppidum, -ī : 마을 (2)

n. opus, operis : 작품, 업적 (3)

m. ōrātor, -ōris : 연설가 (3)

ōrō, ōrāre : 기도하다, 간청하다

n. ōs, ōris : 입, 얼굴 (3)

ostendō, ostendere : 보여 주다, 제시하다

n. ōtium, –ī : 여가, 한가함 (2)

f. ovis, –is : 양(羊) (3)

P

f. palaestra, –ae : 체육 훈련장 (1)

f. palpebra, –ae : 눈꺼풀 (1)

m. pāpiliō, –ōnis : 나비 (3)

parum : 조금, 약간

parvus, –a, –um : 작은, (나이가) 어린

m. pater, –tris : 아버지 (3)

f. patria, –ae : 조국, 나라 (1)

paulisper : 잠시, 잠시 동안

f. pāx, pācis : 평화, 화평 (3)

f. pecūnia, –ae : 돈 (1)

per (대격 전치사) : (장소) ~을(를) 통하여, ~을(를) 거쳐서 / (시간) ~시간 내내 / (수단, 매개체) ~을 (를) 통하여

n. perīculum, –ī : 위험 (2)

f. philosophia, –ae : 철학 (1)

m. philosophus, –ī : 철학자 (2)

piger, –ra, –rum : 느린, 게으른, 굼뜬

m. piscis, –is : 물고기 (3)

m. poēta, –ae : 시인 (1)

f. porta, –ae : 대문, (큰 건물의) 문, 성문 (1)

possum, posse : ~할 수 있다

post (대격 전치사) : (장소) ~뒤쪽에(으로), ~후방 에(으로) / (시간) ~이후에, ~한 후에

n. praemium, –ī : 상, 보상 (2)

praepōnō, praepōnere : 앞에 놓다, 중요시 여기다

praeter (대격 전치사) : (장소) ~을(를) 지나, ~을 (를) 따라 / (추상) ~을(를) 제외하고

pretiōsus, –a, –um : 값비싼

n. pretium, –ī : 가격, 가치 (2)

prīmus, –a, –um : 첫째의, 최초의

prō (탈격 전치사) : (장소) ~전면에(으로), ~앞쪽에 (으로) / (추상) ~을(를) 위하여, –에 대한 보답으로, ~을(를) 대신해

n. proelium, –ī : 전투 (2)

prope (대격 전치사) : (장소) ~근처에, ~곁에

propter (대격 전치사) : (이유) ~때문에

f. puella, –ae : 소녀 (1)

m. puer, –erī : 소년 (2)

pugnō, pugnāre : 싸우다

pulcher, –ra, –rum : 아름다운, 잘생긴

putō, putāre : ~(이)라고 생각하다, ~(이)라는 의견을 갖다

Q

quadrāgintā : (숫자) 40

quattuor : (숫자) 4

quiēscō, quiēscere : 쉬다, 휴식을 취하다

quiētē : 평온하게, 조용히

m. Quintus, –ī : 퀸투스 (사람 이름) (2)

quis : 누구 (의문사)

R

rēctē : 올바르게

refulgeō, refulgēre : 빛나다, 반짝이다

f. rēgīna, –ae : 여왕, 왕비 (1)

n. rēgnum, –ī : 통치 (2)

regō, regere : 통치하다, 다스리다

retexō, retexere : (실 따위를) 풀다

m. rēx, rēgis : 왕, 임금 (3)

f. rosa, –ae : 장미 (1)

S

saepe : 종종, 자주

f. sagitta, –ae : 화살 (1)

m. sāl, salis : 소금 (3)

m. sanguis, –inis : 피 (3)

f. sapientia, –ae : 지혜 (1)

f. schola, –ae : 학교 (1)

scīlicet : 물론, 명백히, 당연히

sciō, scīre : 알다

sedeō, sedēre : 앉다

semper : 항상

sērō : 늦게

servō, servāre : 구원하다, 보존하다

f. serva, –ae : 여종, 노예 (1)

m. servus, –ī : 남종, 노예 (2)

m. signātor, –ōris : 서명인 (3)

f. silva, –ae : 숲 (1)

n. simulācrum, –ī : 형상, 모습 (2)

sine (탈격 전치사) : ~없이

m. socer, –erī : 장인어른 (2)

m. sōl, sōlis : 태양 (3)

n. somnium, –ī : 꿈 (2)

m. sonus, –ī : 소리 (2)

spectō, spectāre : 쳐다보다, 바라보다

statim : 즉시, 바로

f. stēlla, –ae : 별 (1)

stō, stāre : 서 있다

stultus, –a, –um : 어리석은, 바보 같은

suāviter : 달콤하게, 부드럽게

sub (대 / 탈격 전치사) :

+ 대격 (장소) : ~아래쪽으로, ~밑으로 / (시간) ~즈음에, ~경에

+ 탈격 (장소) : ~아래쪽에, ~밑에 / (시간 / 추상) ~의 조건 / 상황하에, ~의 치하에서

subitō : 갑자기, 돌연

m. sūdor, –ōris : 땀 (3)

sum, esse : ~있다, ~(이)다

c. sūs, suis : 돼지 (3)

f. Sȳria, –ae : 시리아 (지명) (1)

T

f. taberna, –ae : 상점, 가게 (1)

taceō, tacēre : 조용하다, 침묵을 지키다

tandem : 마침내, 결국

m. taurus, –ī : 황소 (2)

f. tempestās, –ātis : 폭풍 (3)

n. templum, –ī : 신전, 사원 (2)

n. tempus, –oris : 시간 (3)

f. terra, –ae : 땅, 대지 (1)

n. theātrum, –ī : 극장 (2)

f. thermae, –ārum : 공중목욕탕 (1)

timeō, timēre : 두려워하다

trāns (대격 전치사) : (장소) ~을(를) 가로질러, ~건너 저편에(으로)

tū : 너, 당신

tum : 그러자, 그리고 나서, 그때에

m. tyrannus, –ī : 통치자, 폭군, 독재자 (2)

U

f. unda, –ae : 파도 (1)

f. urbs, urbis : 도시 (3)

f. ūva, –ae : 포도 (1)

V

f. vacca, –ae : 암소 (1)

veniō, venīre : 오다

m. ventus, –ī : 바람 (2)

f. vēritās, –ātis : 진리, 진실 (3)

f. via, –ae : 길, 거리 (1)

videō, vidēre : 보다

n. vīnum, –ī : 포도주, 와인, 술 (2)

vīsitō, vīsitāre : 방문하다

f. vīta, –ae : 인생, 삶, 목숨 (1)

vīvō, vīvere : 살다

vocō, vocāre : 부르다

volō, velle : ~하기를 원하다, ~할 의도를 갖다

vōs : 너희들, 당신들

f. vōx, vōcis : 목소리 (3)

Z

f. zōna, –ae : 허리띠 (1)

기초 라틴어 수업
정답

[준비 강의 오늘의 퀴즈 정답]

1강

오늘의 퀴즈

amor / 태양 / heu / 요정 / tempus / caelum / 달 / 책

2강

오늘의 퀴즈

왕, 임금 / sāl / 개 / gemma / 법, 법률 / piscis / 목소리 / rēgīna

3강

오늘의 퀴즈

au|rum / di|sci|pul|us / phil|o|so|phi|a / ther|mae / ma|gi|ster / pu|el|la / po|ē|ta / a|tri|um

nāvigātiō / sagitta / palpebra / aetās / frūmentum / retexō

fātum, 운명 / memoria, 기억 또는 추억 / bōs, 소 / marītus, 남편 / mēns, 정신 또는 마음 / fīlia, 딸 / corpus, 몸 또는 신체 / frūmentum, 곡식 또는 곡물

[본강의 연습 문제 및 오늘의 퀴즈 정답]

1강

연습 문제

인칭 \ 동사	ambulāre	cantāre	labōrāre	errāre
나 egō	ambulō	cantō	labōrō	errō
너 tū	ambulās	cantās	labōrās	errās
그 / 그녀 / 그것 is, ea, id	ambulat	cantat	labōrat	errat
우리 nōs	ambulāmus	cantāmus	labōrāmus	errāmus
너희 vōs	ambulātis	cantātis	labōrātis	errātis
그들 / 그것들 eī, eae, ea	ambulant	cantant	labōrant	errant

오늘의 퀴즈

❶ amāre / errāre / ambulāre / cantāre / labōrāre

❷ amās / errō / ambulant / cantant / amāmus / cantat / errant

❸ 1. (nōs) saepe ambulāmus. 2. (tū) saepe errās. 3. (eī/eae) saepe cantant.

2강

연습 문제

인칭 \ 동사	manēre	flēre	dolēre	gaudēre	iacēre
나 egō	maneō	fleō	doleō	gaudeō	iaceō
너 tū	manēs	flēs	dolēs	gaudēs	iacēs
그 / 그녀 / 그것 is, ea, id	manet	flet	dolet	gaudet	iacet
우리 nōs	manēmus	flēmus	dolēmus	gaudēmus	iacēmus
너희 vōs	manētis	flētis	dolētis	gaudētis	iacētis
그들 / 그것들 eī, eae, ea	manent	flent	dolent	gaudent	iacent
	flēmus	doleō	gaudeō	iaceō
	fleō	dolent	gaudet	iacet
	flētis	dolet	gaudēmus	iacēmus
	flet	dolētis	gaudent	iacent

오늘의 퀴즈

❶ monēre / manēre / dolēre / flēre / iacēre / gaudēre

❷ monēs / doleō / gaudent / flētis / manēmus / monet / iacent

❸ 1. hīc manēmus.　2. graviter dolēs.　3. multum gaudētis.

3강

연습 문제

인칭 \ 동사	scīre	venīre	advenīre	dormīre	custōdīre
나 egō	sciō	veniō	adveniō	dormiō	custōdiō
너 tū	scīs	venīs	advenīs	dormīs	custōdīs
그 / 그녀 / 그것 is, ea, id	scit	venit	advenit	dormit	custōdit
우리 nōs	scīmus	venīmus	advenīmus	dormīmus	custōdīmus
너희 vōs	scītis	venītis	advenītis	dormītis	custōdītis
그들 / 그것들 eī, eae, ea	sciunt	veniunt	adveniunt	dormiunt	custōdiunt
		venīs	advenīs	dormiō	custōdiō
		venit	adveniunt	dormit	custōdit
		venītis	advenit	dormiunt	custōdiunt
		veniunt	advenītis	dormīmus	custōdītis

오늘의 퀴즈

❶ scīre / venīre / custōdīre / dormīre / audīre / advenīre

❷ scīs / adveniunt / dormīs / audītis / custōdīmus / sciunt / venit

❸ 1. nōn audīs.   2. diū dormiunt.   3. bene nōn custōdit.

4강

연습 문제

인칭 \ 동사	dīcere	currere	lūdere	quiēscere	intellegere
나 egō	dīcō	currō	lūdō	quiēscō	intellegō
너 tū	dīcis	curris	lūdis	quiēscis	intellegis
그 / 그녀 / 그것 is, ea, id	dīcit	currit	lūdit	quiēscit	intellegit
우리 nōs	dīcimus	currimus	lūdimus	quiēscimus	intellegimus
너희 vōs	dīcitis	curritis	lūditis	quiēscitis	intellegitis
그들 / 그것들 eī, eae, ea	dīcunt	currunt	lūdunt	quiēscunt	intellegunt
		currimus	lūdis	quiēscō	intellegimus
		curris	lūdit	quiēscimus	intellegunt
		curritis	lūdimus	quiēscit	intellegitis
		currunt	lūditis	quiēscitis	intellegis

오늘의 퀴즈

❶ mittere / dīcere / currere / lūdere / intellegere / quiēscere

❷ mittis / currimus / quiēscitis / lūdō / intellegit / dīcitis

❸ 1. rēctē nōn intellegitis.   2. nōn dīcimus.   3. celeriter currō.

5강

연습 문제

인칭＼동사	cupere	facere	cōnficere	fugere
나 egō	cupiō	faciō	cōnficiō	fugiō
너 tū	cupis	facis	cōnficis	fugis
그 / 그녀 / 그것 is, ea, id	cupit	facit	cōnficit	fugit
우리 nōs	cupimus	facimus	cōnficimus	fugimus
너희 vōs	cupitis	facitis	cōnficitis	fugitis
그들 / 그것들 eī, eae, ea	cupiunt	faciunt	cōnficiunt	fugiunt
	facis	cōnficiō	fugiō
	facit	cōnficit	fugis
	faciunt	cōnficimus	fugit
	facitis	cōnficiunt	fugimus
			fugitis
			fugiunt

오늘의 퀴즈

❶ fugere / capere / cōnficere / cupere / facere / rēctē / tandem / clam

❷ cupis / fugimus / cōnficiō / facimus / capit / estis

❸ sum / es / est / sumus / estis / sunt

❹ 1. rēctē nōn facitis.　2. nōn cōnficimus.　3. cōgitō, ergō sum.

6강

1변화 동사

❶ ambulāre / cantāre / errāre / labōrāre / amāre / festīnāre

❷ 1. egō amō.　2. tū ambulās.　3. is cantat.　4. nōs labōrāmus.　5. vōs errātis.
6. eī amant.　7. saepe errāmus.　8. diū labōrant.　9. celeriter ambulātis.　10. diū cantō.

2변화 동사

❶ dolēre / manēre / monēre / gaudēre / flēre / iacēre

❷ 1. saepe moneō.　2. hīc manēs.　3. graviter dolet.　4. multum gaudēmus.
5. multum flēs.　6. ibi iacent.　7. diū manēmus.　8. leviter dolēmus.　9. diū fleō.
10. ibi flet.

4변화 동사

❶ venīre / advenīre / audīre / scīre / dormīre / custōdīre

❷ 1. hīc audiō.   2. hūc venītis.   3. nōn scīmus.   4. sērō adveniunt.   5. diū dormiō.
   6. bene custōdit.   7. mātūrē advenītis.   8. hīc dormīmus.   9. nōn audītis.
   10. hīc custōdīmus.

3변화 동사

❶ currere / quiēscere / intellegere / lūdere / mittere / dīcere

❷ 1. nōn mittō.   2. celeriter curris.   3. nōn intellegimus.   4. diū quiēscunt.
   5. diū lūditis.   6. nōn dīcimus.   7. lentē currō.   8. hīc quiēscis.   9. nōn lūdimus.
   10. diū curritis.

3-io변화 동사

❶ cupere / fugere / facere / cōnficere / capere

❷ 1. nōn capiō.   2. tandem cupimus.   3. clam fugiunt.   4. rēctē facitis.
   5. tandem cōnficit.   6. celeriter fugimus.   7. omnīnō nōn cupiō.   8. clam capiunt.
   9. nōn facitis.   10. tandem fugit.

불규칙 변화 동사

sum / es / est / sumus / estis / sunt

❶ 1. hīc es.   2. ibi sunt.   3. cōgitō, ergō sum.

7강

연습 문제

❶ 1. fēmina, epistulam   2. puella, fēminae   3. fēminā

❷ 1. a, a, ā   2. a, ae   3. a, a, ā, ae

❶ 1. agricolā   2. poēta, agricola

오늘의 퀴즈

❶ puellae / puellae / puellam / puellā / puella

❷ 1. magistra puellam amat.   2. cum puellā currimus.
   3. puella, cum magistrā festīnant.   4. magistram amāmus.
   5. agricola hīc poētam videt.

8강

연습 문제

❶ 1. ae   2. īs   3. īs, ās   4. ae, ārum   5. ās   6. ae, ae, īs   7. -ae, ās   8. -ae, -īs

오늘의 퀴즈

❶ epistulārum / epistulīs / epistulās / epistulīs / epistulae

❷ 1. magistra puellās amat. 2. cum puellīs ambulāmus.
   3. fēminae, cum puellā currunt. 4. poētae agricolam vident.
   5. agricola cum poētīs ambulat.

9강

연습 문제

us, us, ī / us, ōs / e, īs / us, īs

오늘의 퀴즈

❶ 1. amīcus 2. amīcī 3. amīcīs 4. amīcōs 5. cum amīcō 6. amīce

❷ 1. amīcus puellae fābulam narrat. 2. discipulōs amāmus.
   3. fīliī Marcī cum fīliīs Quintī lūdunt.

10강

연습 문제

puer / puerum / gener, socerum / socer, generum

puerī / puerōs / puerīs / puerōs

us, ōrum / ō / puerīs / puerī

오늘의 퀴즈

❶ 1. puer, Marcī 2. puerī 3. puerō 4. puerōs 5. puerīs 6. puerī

❷ 1. puerōs invītāmus. 2. puer hīc sedet.

11강

연습 문제

magister / magistra / magister, librum / magistrō librum

īs / ī / ī, ōs / ōs / librōs / magistrīs

magistrīs fābulam narrāmus. / magister, nōn intellegimus!

오늘의 퀴즈

❶ 1. magistrī 2. magistrī 3. magistrō 4. magistrōs 5. magistrō 6. magister

❷ 1. magistrōs invītāmus. 2. puer hīc librum legit.

12강

연습 문제

um / um / dōnum / fātum

a / a / templa / a, bellōrum

a, caelī / fātum

오늘의 퀴즈

❶ 1. dōna   2. dōnōrum   3. dōnum   4. dōnīs   5. dōnum

❷ 1. magistra puellīs dōna emit.   2. bellum nōn amant.

13강

1변화 명사

❶ amīca / magistra / epistula / fēmina / fābula / agricola / poēta

❷ 1. a, am   2. a, ae   3. a, ae, am   4. ae, ae, ae   5. īs   6. a, ae

2변화 명사 유형 1

❶ fīlius / discipulus / Marcus / Quintus

❷ 1. us, us   2. ō   3. ō   4. us, us, ī   5. us, ōs   6. e, ī

2변화 명사 유형 2

❶ gener / socer / puer

❷ 1. 없음   2. um   3. ī   4. īs   5. īs   6. um

2변화 명사 유형 3

❶ liber / magister

❷ 1. um   2. ī   3. ī, ōs   4. 없음   5. īs   6. 없음, ōs

2변화 명사 유형 4

❶ pretium / bellum / fātum / templum / caelum / dōnum

❷ 1. um   2. um   3. a   4. um   5. um   6. um, um

❸ 1. magister puerīs librōs emit.
   2. Claudia est amīca poētae.
   3. magister dōnīs discipulōs dēlectat.
   4. amīcī puerōrum cum agricolīs sedent.
   5. amīcī fīliōrum agricolās iuvant.

14강

연습 문제

um, um / ae, ae / ī, ī / us / am, am / ō, ō, um, um

오늘의 퀴즈

❶ 1. bona   2. honestum   3. longam   4. bonum, dōnum   5. librum, bonum
   6. agricola, bone
❷ 1. dōnum bonum emimus.   2. puerī librum bonum legunt.

15강

연습 문제

ōs / īs / ōrum / ī, ās / ī / ī

오늘의 퀴즈

❶ 1. bonae   2. honestōs   3. longās   4. ās, ās   5. ōs, ōs   6. ae, ī
❷ 1. dōna magna emimus.   2. multae puellae librōs bonōs legunt.

16강

puer 유형

er / erae / erae / erō / asperum / līber

magister 유형

er / ram / rō / rā / piger / aegrae

오늘의 퀴즈

❶ 1. us, er   2. am, am   3. a   4. līber   5. amīcum, pigrum   6. bellum, miserum
❷ 1. Marcus miser est.   2. saepe hīc aegrum agricolam vidēmus.

17강

puer 유형

ī / īs / ārum / īs / aspera / līberī

magister 유형

ī / ās / īs / īs / pigrī / aegrārum

오늘의 퀴즈

❶ 1. ī 2. ōs, ōs 3. a, a 4. discipulī, pigrī 5. fēminās, līberās 6. puellae, aegrae

❷ 1. Marcus et Quintus miserī sunt. 2. saepe hīc aegrōs agricolās vidēmus.

18강

❶ laetus / magnus / honestus / fessus / longus / bonus

❶ 1. us 2. a 3. um 4. ī, ī, ī 5. ae, ae 6. ās, ās, ōrum, ōrum 7. poēta, laete
   8. agricolīs, fessīs 9. dōna, bona 10. puerī et puellae sunt bonī.
   11. amīce fesse, diū quiēscis!
   12. discipulī honestī magistrō fessō cantant. / discipulī honestī magistrae fessae cantant.

puer 유형

❶ asper / līber / miser

❶ 1. 없음 2. a 3. um 4. ae, ī 5. miser 6. bellum, asperum 7. magistrō, asperō
   8. poētīs līberīs epistulās mittitis. 9. cum agricolā miserō clam fugiunt.

magister 유형

❶ piger / aeger / pulcher

❶ 1. 없음 2. a 3. um 4. ī, ī 5. amīcōs, pigrōs 6. fēminae, pulchrae
   7. agricola, piger 8. cum fēminīs aegrīs quiēscunt. 9. puerīs pulchrīs dōna emunt.

19강

연습 문제

❶ 1. 광장을 가로질러 2. 퀸투스의 집에서 3. 상점을 향하여 4. prope 5. circum, um
   6. ad, um

오늘의 퀴즈

❶ 1. ad 2. circum 3. prope 4. apud 5. trāns 6. ad

❷ 1. ad tabernam currō. 2. prope iānuam multī discipulī sunt.

20강

연습 문제

❶ 1. inter, am 2. ante, am 3. post, cēnam 4. post, bellum
   5. 가게들 사이에 작은 집이 있다. 6. 문 뒤쪽에 소년들이 서 있다.

오늘의 퀴즈

❶ 1. post   2. inter   3. ante   4. inter   5. post   6. ante

❷ 1. post iānuam puellae sunt.   2. inter magistrōs stō.

21강

연습 문제

❶ 1. contrā   2. per   3. praeter   4. per   5. propter / ōb, ōs   6. contrā, ōs

오늘의 퀴즈

❶ 1. per   2. propter / ob   3. contrā   4. per   5. praeter   6. ob / propter

❷ 1. per casās currimus.   2. discipulī praeter Marcum veniunt.

22강

연습 문제

❶ 1. ā   2. ab   3. ē   4. ē

❶ 1. prō   2. cum   3. sine   4. prō   5. prō   6. dē

오늘의 퀴즈

❶ 1. ex, ō   2. dē ō   3. prō īs   4. ā, ō   5. cum, ō   6. sine, īs

❷ 1. puellae cum gaudiō lūdunt.   2. ē scholā currimus.

23강

연습 문제

❶ 1. 학교에서   2. 책상 밑으로   3. in   4. sub

오늘의 퀴즈

❶ 1. in, ō   2. sub, am   3. sub, ō   4. in, ō   5. sub, um   6. in, am

❷ 1. liber sub mēnsā est.   2. in scholā sedēmus.

24강

대격 – 장소

❶ 1. ad, um   2. prope, am   3. circum, um   4. apud, am   5. apud, um   6. trāns, um

대격 – 시간과 장소

❶ 1. ante, ās   2. post, um   3. inter, um   4. ante, um   5. inter, um, am   6. post, am

대격 – 그 외

❶ 1. praeter, um 2. per, am 3. ob / propter, um 4. per, um 5. contrā, um 6. per, am
   7. praeter, um 8. propter / ob, um

탈격

❶ 1. ā, ā 2. ē, ā 3. ab, ā 4. ab, ō 5. ē, īs 6. ā, ō

❶ 1. dē, ā 2. cum, īs 3. prō, ā 4. prō, īs 5. sine, īs 6. prō, ō 7. cum, ō 8. prō, īs

대 / 탈격 전치사

❶ 1. in, am 2. in, ō 3. sub, ō 4. sub, am 5. in, am 6. in, ō

25강

연습 문제

❶ 1. labōrāre 2. labōrāre 3. quiēscere 4. legere 5. sedēre 6. errāre

❶ 1. 나는 그 선생님이 훌륭하다고 생각한다. 2. 그들은 마르쿠스가 클라우디아를 사랑한다고 생각한다.
   3. 나는 그 소년이 그 소녀를 사랑한다는 것을 안다. 4. 나는 그 소녀가 그 소년을 사랑한다는 것을 안다.

오늘의 퀴즈

❶ 1. quiēscere 2. fugere 3. labōrāre 4. legere, librōs 5. pulchrī, esse
   6. Marcum, currere

❷ 1. semper dīligenter discere dēbēmus. 2. servōs festīnāre iubeō.

26강

연습 문제

❶ 1. legere, possunt 2. venīre, potestis

오늘의 퀴즈

❶ 1. possunt 2. nōn potest 3. possumus 4. nōn possum 5. potestis 6. estis

❷ 1. celeriter currere nōn possum. 2. hīc quiēscere possumus.
   3. discipulī bonī esse potestis.

27강

연습 문제

❶ 1. mittere, volunt 2. emere, volō 3. esse, vult

❶ 1. manēre, nōlumus 2. currere, nōn vult 3. labōrāre, nōlunt 4. esse, nōlō
   5. festīnāre, nōn vultis 6. legere, nōn vīs

오늘의 퀴즈

❶ 1. puellam venīre nōlō. 2. diū dormīre volunt. 3. agricolae labōrāre nōlunt.

28강

연습 문제

❶ 1. nōlī, amāre 2. nōlīte, clāmāre 3. nōlī, dīcere 4. nōlī, venīre 5. nōlīte, bibere
   6. nōlīte, iacēre 7. ōra, labōra 8. nōlite timēre

오늘의 퀴즈

❶ 1. discite 2. nōlīte, currere 3. nōlī, esse 4. mitte 5. este 6. nōlīte, labōrāre

❷ 1. venī hūc! 2. nōlīte aegrī esse!

29강

동사의 부정형

❶ 1. amāre 2. monēre 3. mittere 4. audīre 5. capere 6. esse 7. magistram, docēre
   8. discipulum, esse

불규칙 동사 possum

❶ 1. possum 2. potes 3. potest 4. possumus 5. potestis 6. possunt

불규칙 동사 volō

❶ 1. volō 2. vīs 3. vult 4. volumus 5. vultis 6. volunt 7. Marcum, legere, volō
   8. Quintum, venīre, vult

불규칙 동사 nōlō

❶ 1. nōlō 2. nōn vīs 3. nōn vult 4. nōlumus 5. nōn vultis 6. nōlunt
   7. puellās, esse, nōlunt 8. Quintum, venīre, nōn vult

명령법

❶ 1. disce 2. es 3. audīte 4. tacēte 5. nōlī, esse 6. nōlīte timēre

30강

연습 문제

아버지가 아들들을 집 안으로 부른다.

아들들이 아버지에게 이야기를 들려준다.

나는 그 작품의 이름을 모른다.

어머니는 아버지를 위해 예쁜 선물을 준비한다.

❶ 1. em, is   2. 없음, ī, 없음   3. e, e   4. 없음, 없음, 없음

오늘의 퀴즈

❶ 1. rēgem   2. mātris   3. opus   4. mātrem   5. mātris   6. rēx
❷ 1. fīlia mātrī opus ostendit.   2. patrem amō.

31강
연습 문제

아버지들이 어머니들을 집 안으로 부른다.
아들들이 어머니들에게 이야기를 들려준다.
ēs, um / ēs, ibus, a / a, um / ēs, ibus

오늘의 퀴즈

❶ 1. rēgēs   2. mātrum   3. opera   4. mātrēs   5. mātrum   6. rēgēs
❷ 1. fīliae mātribus opera ostendunt.   2. patrēs dīligimus.

32강
연습 문제

❶ 1. ium   2. is   3. ae, ēs   4. ēs

오늘의 퀴즈

❶ 1. ovium   2. piscēs   3. cīvium
❷ 1. dominus pulchrārum canum venit.   2. puerī cum piscibus nant.

33강
연습 문제

ī / ia / ia / a, ia / ibus

오늘의 퀴즈

❶ 1. maria   2. animālia   3. exemplāria
❷ 1. in monte multa animālia sunt.   2. puerī in marī nant.

34강
3변화 명사

정답

❶ 1. māter 2. vōcem, patris 3. mātrī, opus 4. rēgēs 5. mātribus, patribus
  6. opera, rēgum 7. nōmina 8. rēx 9. operī

3변화 명사 I 어간

❶ 1. nāvium 2. cīvium 3. ovium 4. piscēs, marī 5. animālia 6. maria
  7. animālia, piscēs 8. exemplāribus

35강

1. d 2. b 3. c 4. b 5. c 6. a 7. b 8. d 9. gener, socerum 10. discipulō, fessō
11. ab, ad 12. possunt 13. mātrī 14. mēnsam 15. vōcēs, mīlitum 16. rege
17. per, noctem 18. esse, vult

19. 이곳에서 우리는 피곤한 군인들을 본다.

20. 고양이가 책상 아래 누워 있다.

21. 학생들아, 훌륭한 시인들이 되어라!

22. 하늘에서 달과 별들이 빛난다.

23. 바다에는 많은 동물들이 살고 있다.

24. 그들은 광장을 가로질러 그 길을 통해 상점 쪽으로 서두른다.

25. librum dē amīcitiā scrībō.

26. in corpore sunt sanguis et sūdor et lacrima.

27. ā magistrīs multum gaudium accipimus.

28. in pāce cum fēlīcitāte labōrant et vīvunt.

29. Marcum amāre Claudiam putō.

30. linguam Latīnam cum gaudiō discere possumus.

36강

① ⓐ ② ⓔ ③ ⓕ ④ ⓑ ⑤ ⓗ ⑥ ⓒ ⑦ ⑨ ⑧ ⓘ ⑨ ⓓ

avārus / 알지 못하는, 낯선, 생소한 / alia, aliud / stultus

n. / simulācrum / ōris / 입, 얼굴 / flūmen / aviditās / –ātis / f. / carō / carnis

ēripiō / lātrāre / (개가) 짖다 / āmittō / 잃다 / cadere / 떨어지다, 낙하하다 / dēcipiō / dēcipere / dēspērō / 절망하다, 실망하다

기초 라틴어 수업

초판 2쇄 발행 2023년 12월 1일

지은이 김경민
펴낸곳 (주)에스제이더블유인터내셔널
펴낸이 양홍걸 이시원

홈페이지 www.siwonschool.com
주소 서울시 영등포구 국회대로74길 12 시원스쿨
교재 구입 문의 02)2014-8151
고객센터 02)6409-0878

ISBN 979-11-6150-654-8
Number 1-601111-17172300-04